CARRÉS CLASSIQUES

Collection LYCÉE dirigée par
Sophie Pailloux-Riggi
Agrégée de Lettres modernes

P9-DUO-784

Poésie et politique

Anthologie

Édition présentée par
Anne Revert
Agrégée de Lettres modernes

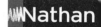

sommaire

Lire *Poésie et politique*

I. Éloges poétiques et politiques

II. Les voies poétiques de la satire

ISBN 978 209 188760-9
© Nathan 2017.

Dossier central images en couleurs

VI. Quand le poète habite son époque

Relire *Poésie et politique*

Les poètes dans la cité

Le mot *politique* vient du grec *polis*, désignant la cité. La politique recouvre tout ce qui a trait au gouvernement d'une communauté ou d'un État, l'organisation des pouvoirs, la conduite des affaires publiques. Le langage du politique réclame raison, objectivité et pragmatisme. La politique est donc une affaire sérieuse...

Or, pour définir le poète, comment ne pas penser à cet extrait du *Dictionnaire des idées reçues* de Flaubert ?

> **POÉSIE (LA).** Est tout à fait inutile : passée de mode.
>
> **POÈTE.** Synonyme noble de *nigaud* (rêveur).

Au XIXe siècle, Flaubert regrettait avec ironie que la gratuité et les émotions esthétiques de la poésie soient évincées au profit d'une utilité réclamée par le positivisme borné de la bourgeoisie qui ne retient que ce qui est efficace à ses yeux. En 2017, l'ironie et le cynisme de Flaubert seraient-ils seulement perçus ?

Tout oppose donc, apparemment, poésie et *polis*....

Dès l'Antiquité, Platon bannissait les poètes de sa république idéale. Voici ce qu'il dit d'eux dans *La République* : « Supposons un homme qui semble capable à force d'habileté de prendre des formes multiples et d'imiter toutes choses : s'il vient nous trouver dans notre ville avec le désir de s'y produire, lui et ses poèmes, nous pourrons bien lui rendre hommage comme à un être sacré, merveilleux et charmant, mais nous lui dirons qu'il n'y a pas d'homme comme lui chez nous. Nous le renverrons alors dans une autre cité ». Selon Platon, l'homme d'action est supérieur au poète. Il veut bien permettre à ce dernier de se proclamer sacré mais en ce sens il n'a de valeur que par le transport divin qui le met hors de lui. Depuis lors, la poésie a traversé les siècles en état d'errance, de vagabondage. « La poésie est née pour être le sel de la terre et une grande partie de la terre ne l'accueille toujours pas », observe Maria Zambrano dans *Philosophie et Poésie*, un livre écrit en 1939 , alors qu'elle était chassée sur les routes de l'exil par la dictature franquiste. Inversement, entrer en politique, est-ce renoncer à la poésie ?

Léopold Sédar Senghor, président de la République du Sénégal pendant vingt ans, vivra toute sa vie au carrefour des contraires, de Paris et de l'Afrique, de la négritude et de l'universel, de la poésie et de l'action politique. Il prendra un jour la décision de se retirer de la scène politique pour se consacrer à la poésie. Peut-on vraiment être à la fois un homme politique remarquable et un poète exceptionnel ? Les deux langages peuvent-ils s'entendre ? La création poétique réclame silence, obscurité et intimité quand la politique impose tumulte et exposition publique.

Le poète en marge de la cité

Pourquoi la poésie est-elle rejetée de la *polis* ?

Pourquoi Platon exprime-t-il tant de sévérité à l'égard de la poésie ? Ne peut-on y voir une jalousie du philosophe contre Homère qui, au IVe siècle av. J.-C., restait le grand éducateur de la jeunesse de toute la Grèce antique ? Les enfants l'apprenaient par cœur, on l'étudiait, on le commentait dans toutes les écoles, le théâtre mettait en scène les héros dont il avait parlé. Peut-on y lire une rivalité d'influence contre laquelle il se sentait peut-être impuissant, lui qui voulait que la philosophie seule formât les âmes dans un État bien organisé ?

Si l'on pense aux mains coupées de Jara, poète chilien assassiné après avoir écrit *Estadio Chile* qui dénonce le fascisme et la dictature, si l'on pense à Hugo exilé, à Pouchkine assigné à résidence par le tsar, à Mandelstam déporté et mourant sur le chemin vers un camp du Goulag, la poésie semble s'ériger contre l'ordre établi ; la meilleure réponse à cette menace serait alors la marginalisation, l'exil ou la mort. La politique, dès lors, ferait taire la poésie.

Dans notre société de l'urgence et de la rentabilité, quelle place le langage poétique peut-il occuper sinon une forme de résistance à l'impératif du sens et de l'efficacité ? Aujourd'hui, le peu de place visible offerte à la poésie confirmerait sa quasi-disparition de la cité. Cependant, la poésie est partout, autour de nous. Et la cité en a besoin.

La politique des poètes

À la Renaissance et au XVIIe siècle, le poète et le prince entrent dans un rapport d'échanges : virtuosité d'écriture contre grandeur politique, l'un étant la mémoire de l'autre. La poésie se met volontiers au service de l'hommage politique. Elle loue les vertus de clémence, de bravoure, de ténacité d'un homme ou d'une femme de pouvoir.

Mais la poésie est aussi elle-même pensée politique, par le sensible, par la circulation de la parole. Elle dit enfin ce qui, profondément, lie les hommes et ce par quoi on tient au monde en « temps de détresse ».

Plus que jamais le monde a besoin de la poésie. La poésie ne rapporte pas d'argent, elle n'entre pas dans un système d'économie marchande, elle est dégagée de toute productivité, elle est libre. Cocteau (1889-1963) la définit ainsi dans *Le Secret professionnel* : « l'espace d'un éclair, nous voyons un chien, un fiacre, une maison pour la première fois. Voilà le rôle de la poésie. Elle dévoile dans toute la force du terme. Elle montre nues, sous une lumière qui secoue la torpeur. » La poésie est ce qui relie l'énergie de l'être à l'énergie de la langue. L'écriture poétique, par sa surprise, son insurrection et son audace, son électricité serait alors la pratique et le lieu où quelque chance nous serait donnée de résister à diverses formes d'aliénation. En cela, elle répond à cette injonction de Kafka : « un livre doit être une hache pour briser la mer gelée qui est en nous ».

Quand la poésie se tait, le monde est en péril. Et la meilleure façon d'être dans ce qu'elle propose, c'est d'entrer dans sa lecture, en ressentant en nous l'énergie qui est en elle, en la vivant tout simplement. ■

Événements marquants	Auteurs évoqués dans *Poésie et politiques*
1515-1547 : règne de François Ier.	**Marot**, *L'Adolescence clémentine*, 1532
1539 : ordonnance de Villers-Cotterêts. Le français devient la langue officielle du royaume.	**Du Bellay**, *Défense et illustration de la langue française*, 1549
1562-1598 : guerres de religion entre protestants et catholiques.	**Du Bellay**, *Les Antiquités de Rome*, 1558
1547-1559 : règne d'Henri II et de Catherine de Médicis.	
1589-1610 : règne d'Henri IV.	**Malherbe**, *Prière pour le roi allant en Limousin*, 1605
1598 : Henri IV signe l'édit de Nantes qui met fin aux guerres de religion.	
1610-1630 : régence de Marie de Médicis.	**d'Aubigné**, *Les Tragiques*, 1616
1630-1643 : règne de Louis XIII.	
1661-1715 : règne de Louis XIV.	**La Fontaine**, *Fables*, 1668-1694
1661 : arrestation de Fouquet, surintendant des Finances, protecteur de La Fontaine.	
1685 : Colbert promulgue le code noir qui règle la vie des esclaves noirs dans les colonies françaises.	
1723-1774 : règne de Louis XV.	
1774-1789 : règne de Louis XVI.	
1789 : Révolution française.	
1792 : chute de la monarchie et proclamation de la République.	
1793-1794 : la Terreur.	**Chénier**, *Iambes*, 1794

Événements marquants	Auteurs évoqués dans *Poésie et politiques*
2 décembre 1804 : sacre de Napoléon Bonaparte.	
1804-1814 : Premier Empire.	
1814-1824 : Restauration (règne de Louis XVIII).	
1824-1830 : règne de Charles X.	
27-28-29 juillet 1830 : Révolution des Trois Glorieuses.	**Lamartine**, *Épître à Félix Guillemardet*, 1837
1830 : Monarchie de juillet (règne de Louis-Philippe).	
1848 : révolution et abolition de l'esclavage en France.	
1848-1851 : IIe République. Louis-Napoléon Bonaparte élu président.	**Musset**, *Poésies nouvelles*, 1850 **Hugo**, *Les Châtiments*, 1852 ;
2 décembre 1851 : coup d'État de Napoléon III.	*Les Contemplations*, 1856 **Baudelaire**, *L'Art romantique*,
1852-1871 : Second Empire.	1857
mars-mai 1870 : défaite de la France contre la Prusse et proclamation de la IIIe République française.	**Dickinson,** « Je suis personne ! », 1861
De février à mai 1871 : gouvernement de la Commune à Paris.	**Verlaine**, « Le monstre », 1868 **Rimbaud**, *Poésies*, 1871
14 avril 1865 : assassinat de Lincoln aux États-Unis.	**Whitman**, *Feuilles d'herbe*, 1891

Événements marquants	Auteurs évoqués dans *Poésie et politiques*
1914-1918 : Première Guerre mondiale.	**Maïakovski**, *Le poète c'est un ouvrier*, 1918
février 1917 : Révolution bolchévique en Russie.	
1922 : Prise du pouvoir par Mussolini en Italie Staline nommé secrétaire général du parti communiste.	**Mandelstam**, « Le Siècle », 1923
1933 : Hitler devient chancelier en Allemagne.	**Césaire**, *Cahier d'un retour au pays natal*, 1939-1956
1936-1939 : guerre civile espagnole.	
1939-1945 : Seconde Guerre mondiale. **1942 :** conférence de Wannsee qui organise la « solution finale » contre les Juifs d'Europe. Présence d'Eichmann.	**Akhmatova**, *Requiem*, 1942 **Pasolini**, *Poésie à Casarsa*, 1942 **Eluard**, « Liberté » 1942 **Aragon**, *Les Yeux d'Elsa*, 1942
6 juin 1944 : débarquement allié en Normandie.	**Eluard**, *Au Rendez-vous allemand*, 1944 **Péret**, *Le Déshonneur des poètes*, 1945 **Prévert**, *Paroles*, 1945 **Char**, *Feuillets d'Hypnos*, 1946
1950-1954 : maccarthysme (mouvement politique qui expulse les citoyens soupçonnés d'être des agents, militants ou sympathisants communistes aux États-Unis). **1956-1960 :** décolonisation française de l'Afrique noire. **1962 :** fin de la guerre d'Algérie.	**Char**, *Les Matinaux*, 1950 **Oppen**, *Primitif*, 1978 **Glissant**, *Les Indes*, 1956 **Senghor**, *Éthiopiques*, 1956 **Hikmet**, *Il neige dans la nuit*, 1962 **Cohen**, *Des Fleurs pour Hitler*, 1964

Événéments marquants	Auteurs évoqués dans *Poésie et politiques*
11 septembre 2001 : attentats contre le *World Trade Center* à New York, revendiqués par Al-Qaïda.	**Gagnon**, *La terre est remplie de langage*, 1993 **Fourcade,** *Le sujet monotype*, 1997 **Shire**, « Home », 2006 **La Canaille**, *Une goutte de miel dans un litre de plomb*, 2009 **Bianu**, *Le désespoir n'existe pas*, 2010

« Si j'avais écrit de plus beaux poèmes
et que j'avais écrit de plus beaux livres,
les hommes ne se seraient pas massacrés.
Je vous mets au défi de prouver que ça n'a rien
à voir et que je ne suis pas coupable. »

Dominique Fourcade, *sans lasso et sans flash*, 2005.

Lire...
Poésie et politique

Anthologie

sommaire

I Éloges poétiques et politiques

Caius Cilnius Mæcenas, autrement dit Mécène, était un protecteur des arts et des lettres dans la Rome antique. Il a donné son nom au mécénat, qui désigne le fait de protéger, d'aider financièrement et de promouvoir les arts et les lettres. Sous l'Ancien Régime, les princes sont ainsi des mécènes. Artistes et gens de lettres, en contrepartie, mettent en scène ou chantent la grandeur du Prince, sa gloire et ses victoires pour en conserver la mémoire.

Au XVIe siècle, la poésie, genre noble par excellence, est l'un des lieux privilégiés de l'éloge politique. Le poète offre la puissance de son écriture à la grandeur du prince et inversement. Clément Marot (texte 1) chante ainsi le roi François Ier qui, lui-même, trouve dans la poésie le miroir et le reflet

> **« Le poète chante la grandeur du Prince. »**

de ce qu'il incarne, en tant que monarque particulier et en tant que corps symbolique de la monarchie. Du Bellay (texte 2), revenu de Rome, s'adresse au roi Henri II et lui dédie ses recueils. L'hommage politique est également un hommage à la poésie elle-même qui se met au service de la cité. Au début du XVIIe siècle, Malherbe, attaché à la cour d'Henri IV, offre au roi un poème miroir (texte 3) de ce que peut être un grand monarque. Plus tard, La Fontaine (texte 4), qui entretient avec Louis XIV des rapports ambigus aborde dans sa fable la question politique de la clémence, une vertu royale. À ces quatre poèmes français de l'Ancien Régime, vient s'ajouter un texte du XIXe siècle (texte 5), un hommage très personnel au président Lincoln, celui du poète américain Walt Whitman.

François Ier en déité, vers 1545, parchemin
23,4 x 13,4 cm. Paris, BNF

Traduction en français moderne :
« François en guerre est un Mars furieux
En paix Minerve et Diane à la chasse
À bien parler Mercure copieux
À bien aimer vrai Amour plein de grâce
Ô France heureuse honore donc la face
De ton grand Roi qui surpasse Nature
Car l'honorant tu sers en même place
Minerve, Mars, Diane, Amour, Mercure. »

Dans cette épître, qui attira l'attention de François Iᵉʳ, Marot se révèle virtuose dans l'art de quémander avec grâce la protection du roi, d'évoquer sa pauvreté avec bonne humeur et de toucher un point sensible du monarque : son goût pour la poésie, François Iᵉʳ étant lui-même poète à ses heures.

Petite épitre au roi

En m'ébattant je fais rondeaux en rime,
Et en rimant bien souvent je m'enrime[1];
Bref, c'est pitié d'entre nous rimailleurs,
Car vous trouvez assez de rime ailleurs,
Et quand vous plaît mieux que moi rimassez.
Des biens avez et de la rime assez :
Mais moi, à tout[2] ma rime et ma rimaille,
Je ne soutiens (dont je suis marri[3]) maille[4].
     Or ce[5] me dit (un jour) quelque rimart :
10 « Viens çà, Marot, trouves-tu en rime art
Qui serve aux gens, toi qui as rimassé ?
– Oui, vraiment (réponds-je) Henry Macé[6]
Car, vois-tu bien, la personne rimante
Qui au jardin de son sens la rime ente[7],
Si elle n'a des biens en rimoyant,
Elle prendra plaisir en rime oyant[8];
Et m'est avis que si je ne rimois,
Mon pauvre corps ne serait nourri mois[9],
Ni demi jour : car la moindre rimette
20 C'est le plaisir, où faut que mon ris[10] mette. »
     Si vous supplie qu'à ce jeune rimeur
Fassiez avoir un jour par sa rime heur[11],

Clément MAROT
(1496-1544)

Héritier des grands rhétoriqueurs, Clément Marot se met au service de François Iᵉʳ, qui le placera d'abord sous la protection de sa sœur Marguerite avant de le nommer poète officiel de la cour. Proche de la Réforme, il doit cependant s'exiler et mourra à Turin.

1. Je m'enrhume.
2. Avec.
3. Fâché.
4. Je ne gagne pas un sou.
5. Ceci.
6. Personnage mal connu, contemporain de Marot.
7. Greffer.
8. Entendant.
9. Je n'aurais plus de quoi manger.
10. Mon rire.
11. Bonheur.
12. Rimonner est un verbe créé par Marot, un néologisme.

Afin qu'on die, en prose, ou en rimant :
« Ce rimailleur, qui s'allait enrimant,
Tant rimassa, rima et rimonna[12],
Qu'il a connu quel bien par rime on a. »

Clément Marot, *L'Adolescence clémentine*, 1532,
orthographe modernisée.

François Ier et sa cour, miniature, Paris, BNF.

Les Antiquités de Rome *est un recueil consacré à la fois à la description des grandeurs de Rome et à la déploration de ses ruines. Le sonnet qui ouvre le recueil est un poème-dédicace à Henri II (1519-1559), roi de France depuis 1547.*

Au Roi

Ne vous pouvant donner ces ouvrages antiques
Pour votre Saint-Germain ou pour Fontainebleau,
Je vous les donne, Sire, en ce petit tableau
Peint, le mieux que j'ai pu, de couleurs poétiques :

Qui[1] mis sous votre nom devant les yeux publiques,
Si vous le daignez voir en son jour le plus beau,
Se pourra bien vanter d'avoir hors du tombeau
Tiré des vieux Romains les poudreuses reliques.

Que vous puissent les dieux un jour donner tant d'heur,
De rebâtir en France une telle grandeur
Que je la voudrais bien peindre en votre langage :

Et peut-être qu'alors votre grand Majesté,
Repensant à mes vers, dirait qu'ils ont été
De votre monarchie un bienheureux présage.

Joachim Du Bellay, *Les Antiquités de Rome*, 1558.

Joachim Du Bellay (1522-1560)

Du Bellay fonde avec Ronsard, entre autres, le mouvement de la Pléiade. Il est l'auteur d'un texte fondamental pour toute la littérature française : *Défense et illustration de la langue française,* publié en 1549. Ses recueils *L'Olive, Les Regrets* et *Les Antiquités de Rome* rencontreront un grand succès.

10

1. Celui qui.

François DE MALHERBE, *Prière pour le roi allant en Limousin*, 1605

En 1605, Henri IV commande un poème à Malherbe alors qu'il se rend en Limousin. Les guerres de religion sont terminées mais le calme reste fragile. Le poète appelle la bénédiction de Dieu sur le roi. Cette prière plaira à Henri IV, qui attachera Malherbe à sa cour.

Loin des mœurs de son siècle il bannira les vices,
L'oisive[1] nonchalance et les molles délices[2],
Qui nous avaient portés jusqu'aux derniers hasards[3] ;
Les vertus reviendront de palmes couronnées,
Et ses justes faveurs aux mérites données
Feront ressusciter l'excellence des arts.

La foi de ses aïeux, ton amour et ta crainte,
Dont il porte dans l'âme une éternelle empreinte,
D'actes de piété[4] ne pourront l'assouvir ;
Il étendra ta gloire autant que sa puissance,
Et, n'ayant rien si cher que ton obéissance,
Où tu le fais régner il te fera servir.

Tu nous rendras alors nos douces destinées ;
Nous ne reverrons plus ces fâcheuses années
Qui pour les plus heureux n'ont produit que des pleurs.
Toute sorte de biens comblera nos familles,
La moisson de nos champs lassera les faucilles,
Et les fruits passeront la promesse des fleurs.

François de Malherbe, *Prière pour le roi allant en Limousin*,
strophes 12 à 14, 1605.

François DE MALHERBE (1555-1628)

Poète officiel d'Henri IV, de Marie de Médicis puis de Louis XIII, Malherbe célèbre les grands événements politiques de son temps. La Pléiade avait voulu enrichir la langue, il va l'épurer en interdisant les provincialismes, les archaïsmes, les termes techniques ou bas.

10

1. Inactive.
2. *Délice* devient un nom féminin au pluriel.
3. Périls.
4. De foi.

Cette fable est dédiée au prince de Conti, qui avait encouru la disgrâce à cause de lettres critiques contre Louis XIV, dont la rancune restera tenace. Elle invite à réfléchir sur la clémence royale.

Jean DE LA FONTAINE
(1621-1695)

D'abord protégé de Fouquet, surintendant des Finances, qui paiera de sa liberté, puis de sa vie, une puissance qui fait de l'ombre au jeune Louis XIV, La Fontaine adressera plusieurs requêtes au roi, qui ne lui pardonnera sa fidélité à Fouquet. La Fontaine ne sera jamais officiellement reçu à la cour de Versailles.

1. La colère.
2. Achille, dans *L'Iliade*, traité injustement par Agamemnon, en colère, se retira sous sa tente, laissant ses amis, les Grecs, se battre seuls.
3. Leur est reconnaissant.
4. Apollon, le dieu de la poésie, est chez lui à la cour.
5. L'Olympe.
6. Mariage.
7. Allusion au mariage du prince François-Louis de Conti avec Marie-Thérèse de Bourbon, petite-fille du Grand Condé.

Le Milan, le Roi et le Chasseur

À son Altesse Sérénissime,
Monseigneur le Prince de Conti

Comme les Dieux sont bons, ils veulent que les Rois
      Le soient aussi : c'est l'indulgence
      Qui fait le plus beau de leurs droits,
      Non les douceurs de la vengeance :
Prince, c'est votre avis. On sait que le courroux[1]
S'éteint en votre cœur sitôt qu'on l'y voit naître.
Achille[2] qui du sien ne put se rendre maître,
      Fut par là moins Héros que vous.
Ce titre n'appartient qu'à ceux d'entre les hommes
Qui comme en l'âge d'or font cent biens ici-bas.
Peu de Grands sont nés tels en cet âge où nous sommes :
L'univers leur sait gré[3] du mal qu'ils ne font pas.
      Loin que vous suiviez ces exemples,
Mille actes généreux vous promettent des temples.
Apollon citoyen de ces augustes lieux[4]
Prétend y célébrer votre nom sur sa lyre.
Je sais qu'on vous attend dans le palais des Dieux[5] :
Un siècle de séjour doit ici vous suffire.
Hymen[6] veut séjourner tout un siècle chez vous[7].
      Puissent ses plaisirs les plus doux
      Vous composer les destinées

10

20

Par ce temps à peine bornées !
Et la Princesse et vous n'en méritez pas moins.
J'en prends ses charmes pour témoins ;
Pour témoins j'en prends les merveilles
Par qui le Ciel, pour vous prodigue en ses présents,
De qualités qui n'ont qu'en vous seuls leurs pareilles
Voulut orner vos jeunes ans.
Bourbon de son esprit ces grâces assaisonne.
Le Ciel joignit en sa personne
Ce qui sait se faire estimer
À ce qui sait se faire aimer :
Il ne m'appartient pas d'étaler votre joie ;
Je me tais donc, et vais rimer
Ce que fit un oiseau de proie.

30

Jean de La Fontaine, *Fables*, livre XII, fable XII,
v. 1 à 38, 1694.

Allégorie de la Clémence, château de Vaux-le-Vicomte.

Walt WHITMAN
(1819-1892)

Autodidacte, défenseur de la liberté et de la puissance de l'Amérique, opposant de l'esclavage, Whitman a exercé différents métiers (imprimeur, enseignant, journaliste) avant de se consacrer à la poésie. En 1855, la première publication de *Feuilles d'herbe*, recueil d'une grande liberté de ton et de forme, constitue l'un des actes de naissance de la poésie américaine.

Ce poème a été composé en hommage au président des États-Unis, Abraham Lincoln, assassiné le 14 avril 1865 par un sudiste. Lincoln, partisan farouche de l'abolition de l'esclavage avait été élu en 1860. À la suite de cette élection, les États du Sud, esclavagistes, veulent se séparer de ceux du Nord : c'est le début de la guerre de Sécession. Le poème parut l'année même de l'assassinat de Lincoln.

Ô Capitaine ! Mon Capitaine !

Ô Capitaine ! Mon Capitaine ! Notre voyage effroyable
[est terminé
Le vaisseau a franchi tous les caps, la récompense
[recherchée est gagnée
Le port est proche, j'entends les cloches, la foule qui
[exulte,
Pendant que les yeux suivent la quille franche, le vaisseau
[lugubre et audacieux.
Mais ô cœur ! cœur ! cœur !
Ô les gouttes rouges qui saignent
Sur le pont où gît mon Capitaine,
Étendu, froid et sans vie.

Ô Capitaine ! Mon Capitaine ! Lève-toi pour écouter les
[cloches.
10   Lève-toi : pour toi le drapeau est hissé, pour toi le clairon
[trille[1],
Pour toi les bouquets et guirlandes enrubannées, pour toi
[les rives noires de monde,

1. Sonne.

Elle appelle vers toi, la masse ondulante, leurs visages
[passionnés se tournent :
Ici, Capitaine ! Cher père ! Ce bras passé sous ta tête,
C'est un rêve que sur le pont
Tu es étendu, froid et sans vie.
Mon Capitaine ne répond pas, ses lèvres sont livides et
[immobiles ;

Mon père ne sent pas mon bras, il n'a plus pouls ni volonté.
Le navire est ancré sain et sauf, son périple clos et conclu.
De l'effrayante traversée le navire rentre victorieux avec
[son trophée.
Ô rives, exultez[2], et sonnez, ô cloches !   20
Mais moi d'un pas lugubre,
J'arpente le pont où gît mon capitaine,
Étendu, froid et sans vie.

Walt Whitman, *Feuilles d'herbe*,
trad. L. Bazalgette, 1922.

Statue d'Abraham Lincoln, Mémorial de Lincoln, Washington.

2. Éclatez de joie.

1. Les poèmes du corpus relèvent de formes et de genres poétiques différents : lesquels ?

2. À quelles figures politiques ces poèmes sont-ils consacrés ?

3. Confrontez les destinataires de ces poèmes. Lequel ne s'adresse pas directement à un personnage politique et pourquoi ?

4. Quelles sont les qualités politiques auxquelles les poètes rendent hommage ?

5. Quels sont les défauts à proscrire pour être un bon souverain selon les poètes de ce corpus ?

6. Pour chaque poème, relevez deux mots qui riment et dont la rime vous paraît signifiante pour louer les qualités politiques.

7. Quelle posture chacun des poètes adopte-t-il face à la figure politique ? Se montre-t-il supérieur, inférieur, égal à elle ?

8. Quels rôles les poètes jouent-ils face à la sphère politique ?

9. En quoi le langage poétique semble-t-il efficace, approprié à l'éloge politique ?

Et vous ?

Recherche personnelle

Selon les poèmes de ce corpus, quelle place le poète peut-il occuper auprès des Grands ?

Pause lecture 1 — Comment chanter à la fois le roi et la poésie ?

Joachim Du Bellay, texte 2, p. 18

Retour au texte

1 · Qui est Henri II ? Que sont Saint-Germain et Fontainebleau au XVIᵉ siècle ?

2 · Que désigne le poème lorsqu'il parle d'« ouvrages antiques » (v. 1) ?

3 · Quelle est la forme poétique ici adoptée ?

Interprétations

Un hommage au roi

4 · Relevez et analysez les différentes marques d'adresse au roi. Pourquoi le nom du roi n'est-il pas prononcé ici, selon vous ?

5 · Relevez les mots à la césure des vers 3, 5, 9, 14 ? Que mettent-ils en valeur ?

6 · Quelle figure du roi construit ce poème ? De quelle grandeur passée, à la fois politique et culturelle, le poème invite-t-il le royaume de France à se faire l'héritier et le successeur ?

Un hommage à la poésie

7 · Que désigne « ce petit tableau » au vers 3 ?

8 · Quelle posture le poète adopte-t-il dans le premier quatrain ? Quelle expression pouvez-vous relever dans la même strophe qui justifie cette posture ?

9 · Relisez le vers 5. Quel rôle le poète s'attribue-t-il ici ?

10 · Commentez la relation que le poème tente d'établir entre la grandeur de la France et la poésie. Dégagez notamment le sens du dernier tercet.

Et vous ?

Histoire des arts

Observez la représentation de François Iᵉʳ en déité (p. 15). Il porte les attributs de dieux mythologiques. Reconnaissez-vous certains attributs ? De quoi sont-ils le symbole ?

Vers l'écrit du bac

Rédigez l'introduction du commentaire littéraire de ce poème. Vous suivrez la méthodologie de l'introduction : contexte, auteur, œuvre, extrait, problématique, plan.

Walt Whitman, texte 5, p. 22

Retour au texte

1 · Qui est le « Capitaine » ? Qu'est-ce que le « vaisseau » (v. 2) ? De quoi le « port » (v. 3) est-il le symbole ? De quelle « effrayante traversée » (v. 19) s'agit-il en réalité ?

2 · Sur quelle figure de style le poème est-il ainsi construit ?

Interprétations

Le chant d'une victoire

3 · De quoi « le trophée » (v. 19) est-il la métaphore dans la dernière strophe ?

4 · Une victoire se donne à entendre dans le poème : de quelle victoire s'agit-il ? Comment est-elle exprimée ?

5 · Commentez l'impératif *Lève-toi* (v. 9 et 10) adressé au défunt : quelle figure de Lincoln est ainsi construite ?

Une élégie paradoxale

6 · Recherchez le sens du mot *élégie*, et dites en quoi ce poème est élégiaque.

7 · Montrez comment se mêlent l'admiration et le chagrin de la perte ressentis par le poète : que représente Lincoln pour le poète ? Quel sens prend alors sa mort ?

8 · En quoi le poème élégiaque se fait-il en même temps chant d'espoir ?

Et vous ?

Au-delà des circonstances de son écriture, ce poème vous émeut-il ? Justifiez votre réponse.

Recherche personnelle

Observez la statue de Lincoln, p. 23. Quels rapprochements pouvez-vous faire avec le poème de Whitman ?

Vers l'écrit du bac

À votre tour, vous rédigerez un hommage funèbre d'une trentaine de lignes à une figure politique passée de votre choix, qui a incarné des valeurs humaines fondamentales, comme la liberté, la tolérance, la justice. Vous construirez votre texte autour d'une métaphore filée.

Analyse d'image 1

Allégorie à Louis XIV, de Jean Garnier

Dossier central images en couleurs, p. I

Jean Garnier (1632-1705), *Allégorie à Louis XIV, protecteur des arts et des sciences*, 1672,
huile sur toile (1,74 x 2,23 m), château de Versailles.

1 · Comment nomme-t-on le petit tableau rond dans lequel figure le portrait du roi Louis XIV ?

2 · Comment le roi y est-il représenté ? Observez sa tenue.

3 · Quels objets entourent le portrait du roi ? Faites-en une liste. Comment pourriez-vous regrouper ces objets ?

4 · Comment l'abondance est-elle illustrée dans ce tableau ? Pourquoi, selon vous, avoir représenté une telle quantité d'objets?

5 · Qu'est-ce qu'une allégorie? À l'aide des réponses précédentes, justifiez le titre du tableau.

6 · Un buste est présent dans le tableau. Où ? Qui représente-t-il ? Pourquoi ?

7 · À la lumière de ces observations, quels différents aspects de la politique de Louis XIV, et plus globalement du pouvoir royal ce tableau représente-t-il ?

II Les voies poétiques de la satire

« La satire, écrit Furetière dans son *Dictionnaire de 1694*, est une espèce de poème inventée pour corriger et reprendre les mœurs corrompues des hommes ou critiquer les méchants ouvrages tantôt en termes piquants, tantôt avec des railleries. »

« Attaquer les vices politiques par l'humour, qu'il soit léger ou grinçant. »

Attaquer les dérives et les vices politiques par l'humour, léger ou grinçant, tel est bien l'objectif de la satire qui tente aussi, bien souvent, de déborder la censure par des stratégies de contournements, d'allusions et de doubles sens.

Ce sont ces voies poétiques de la satire politique que nous parcourrons ici. Alors qu'Agrippa d'Aubigné (texte 6) assimile, dans le contexte des guerres de religion entre catholiques et protestants, Catherine de Médicis à une sorcière, La Fontaine, au XVIIe siècle, met en scène le monde animal, dans sa fable « La Cour du Lion » (texte 7), pour offrir le tableau d'un pouvoir arbitraire et tyrannique. La métaphore du monstre politique se poursuit avec Verlaine (texte 8) qui s'attaque à Napoléon III. Pendant la Commune de Paris de 1871, Rimbaud (texte 9) s'en prend aux « Versaillais » (nom donné aux troupes régulières du gouvernement) qui répriment l'insurrection. Leonard Cohen (texte 10), chanteur, musicien et poète, rappelle, à la suite de la philosophe Hannah Arendt l'effroyable « banalité du mal » qu'incarne le nazi Eichmann. Enfin, le groupe de rap français La Canaille (texte 11), en héritier des chanteurs révolutionnaires de la Commune de Paris, fait entendre le discours et la posture politiques insoutenables et ridicules d'un dictateur.

André Gill, Journal *La Lune*, 11 novembre 1867.
Rocambole était le héros du célèbre feuilleton de Ponson du Terrail. Gill lui donne ici les traits de Napoléon III. Cette caricature est interdite par la censure.

Les Tragiques, *long poème en sept chants consacré aux horreurs de l'époque, est un texte de combat politique, et de lutte protestante.* « Misères », *le chant qui ouvre* Les Tragiques, *évoque la France déchirée et les affreux spectacles des guerres de religion. Le passage suivant s'attaque violemment à la mère du roi, Catherine de Médicis, assimilée à une sorcière.*

En vain, Reine, tu as rempli une boutique
De drogues du métier et ménage magique ;
En vain fais-tu amas dans les tais[1] des défunts
De poix[2] noire, de camphre à faire tes parfums
Tu y brûles en vain cyprès et mandragore
La ciguë, la rue et le blanc hellébore[3]
La tête d'un chat roux, d'un céraste[4] la peau
D'un chat-huant le fiel, la langue d'un corbeau
De la chauve-souris le sang et de la louve
Le lait chaudement pris sur le point qu'elle trouve
Sa tanière volée et son fruit[5] emporté
Le nombril frais-coupé à l'enfant avorté
Le cœur d'un vieux crapaud, le foie d'un dipsade[6]
Les yeux d'un basilic[7], la dent d'un chien malade.

Agrippa d'Aubigné, *Les Tragiques*, « Misères »,
v. 920-933.

Agrippa D'Aubigné
(1552-1630)

À huit ans, en voyage avec son père, il voit les corps pendus des conjurés d'Amboise, des protestants qui voulaient soustraire le roi François II à la ligue catholique trop influente. Son père lui fait jurer de venger ses coreligionnaires. Lorsqu'Henri de Navarre prend la tête des troupes protestantes, il appelle à ses côtés Aubigné, qui poursuivra le combat en faveur du protestantisme toute sa vie.

10

1. Crânes.
2. Sorte de goudron.
3. Plantes toxiques.
4. Serpent.
5. Le louveteau.
6. Serpent.
7. Animal légendaire souvent représenté comme un serpent.

Catherine de Médicis chez son astrologue Michel Nostradamus (1503-1566), illustration d'Émile Blanche pour l'almanach des Galeries Lafayette, 1914.

*Dans la fable qui suit, La Fontaine offre une peinture de la cour
et des courtisans, reflet de son époque.*

Jean DE LA FONTAINE
(1621-1695)

→ Voir p. 20

La Cour du Lion

Sa Majesté Lionne un jour voulut connaître
De quelles nations le Ciel l'avait fait maître.
     Il manda donc par députés
     Ses vassaux de toute nature,
     Envoyant de tous les côtés
     Une circulaire écriture[1],
     Avec son sceau. L'écrit portait
     Qu'un mois durant le Roi tiendrait
     Cour plénière[2], dont l'ouverture
10   Devait être un fort grand festin,
     Suivi des tours de Fagotin[3].
     Par ce trait de magnificence
Le Prince à ses sujets étalait sa puissance.
     En son Louvre il les invita.
Quel Louvre ! Un vrai charnier, dont l'odeur se porta
D'abord au nez des gens. L'Ours boucha sa narine :
Il se fût bien passé de faire cette mine,
Sa grimace déplut. Le Monarque irrité
L'envoya chez Pluton[4] faire le dégoûté.
20 Le Singe approuva fort cette sévérité,
Et flatteur excessif il loua la colère
Et la griffe du Prince, et l'antre, et cette odeur :
     Il n'était ambre, il n'était fleur,
Qui ne fût ail au prix. Sa sotte flatterie
Eut un mauvais succès, et fut encore punie.

1. Une circulaire est un document officiel adressé à différents destinataires.
2. Réunie au complet.
3. Singe savant.
4. Dieu des morts.

Ce Monseigneur du Lion-là
Fut parent de Caligula[5].
Le Renard étant proche : « Or çà, lui dit le Sire,
Que sens-tu ? Dis-le-moi : parle sans déguiser. »
L'autre aussitôt de s'excuser,
Alléguant un grand rhume : il ne pouvait que dire
Sans odorat ; bref, il s'en tire.

30

Ceci vous sert d'enseignement :
Ne soyez à la cour, si vous voulez y plaire,
Ni fade adulateur, ni parleur trop sincère,
Et tâchez quelquefois de répondre en Normand[6].

Jean de La Fontaine, *Fables*, livre VII, fable VI, 1678-1694.

Gustave Doré (1832-1883), *La Cour du lion*, 1866, gravure, Paris, BNF.

5. Empereur romain
(Ier siècle) qui régna
avec cruauté et mourut
assassiné.
6. On dit qu'un homme
répond en Normand,
lorsqu'il ne dit ni oui,
ni non.

La poésie verlainienne privilégie une forme de lyrisme moderne, mélancolique et en mode mineur. Or elle adopte aussi une politique et une éthique de la révolte. Ses contemporains décrivent Verlaine à la fin des années 1860 comme un farouche opposant au second Empire et à Napoléon III.

Paul VERLAINE
(1844-1896)

Verlaine publie *Poèmes saturniens* en 1866 où il affirme son art musical et sensible, *Fêtes galantes* en 1869, inspirées par la peinture de Watteau, *La Bonne chanson* en 1870.

J'ai rêvé d'une bête affreuse et d'un grand nombre
De femmes et d'enfants et d'hommes que dans l'ombre
D'une nuit sans étoile et sans lune et sans bruit
Le monstre dévorait ardemment, et la nuit
Était glacée, et les victimes dans la gueule
Du monstre s'agitaient et se plaignaient, et seule
La gueule, se fermant soudain, leur répondait
Par un grand mouvement de mâchoires.

                          – C'était

10 Non loin d'un fleuve – Autour, des masses étagées,
Lourdes et divergeant par confuses rangées
Dans une obscurité blafarde que piquait
Çà et là la lueur diffuse d'un quinquet[1]
Probable, dénonçaient le centre d'une ville,
Tandis que, violent tour à tour et servile[2],
Un murmure très sourd venu de tout côté
Semblait le cri lointain d'un peuple épouvanté !
Ténébreuse, gluante et froide, cette bête
Faisait corps avec l'ombre, en sorte que la tête
20 Était seule visible, et c'était bien assez
Pour l'épouvantement de mes sens convulsés.
Et voici : sous un front étroit deux yeux que bride
Une profonde, noire et chassieuse[3] ride,

1. Lampe à huile.
2. Soumis.
3. La chassie est une maladie de l'œil.

Méchamment luisaient gris et verts, et clignotants ;
La peau, flasque, était jaune et sale, et de longtemps
Je n'oublierai l'horreur du mufle, comparable
Au mufle du mammouth le plus considérable ;
Et cela reniflait et soufflait, et dessous
Grognait la gueule vaste et ceinte de crins roux
Dont le hérissement formait deux pointes, presque   30
À l'instar[4] d'un homard qui serait gigantesque,
Et, visqueux, le menton s'allait continuant
En longs poils, tout pareils à ceux d'un bouc géant,
Des dents étincelaient, longues, blanches et minces.
Et j'ai vu que le monstre avait comme deux pinces
Qu'il manœuvrait ainsi que des bras de levier,
Pour pêcher je ne sais dans quel sombre vivier[5],
Et porter, à sa gueule ouverte qui s'abaisse,
La pâture dont j'ai plus haut marqué l'espèce.
Et le sang dégouttait, tiède, le sang humain,   40
Tiède, avec un bruit lourd de pleurs sur le chemin,
Lourd et stupéfiant, dans l'infâme nuitée
D'une exécrable odeur laiteuse et fermentée...
Mes narines... Tel fut mon rêve... J'ai crié.
– Et je ne me suis pas encore réveillé.

Paul Verlaine, « Le Monstre », poème publié
le 28 septembre 1868 dans *Le Nain jaune*.

4. À la manière.
5. Réservoir à poissons.

Arthur RIMBAUD
(1854-1891)

Précoce et génial, subversif, Rimbaud est le poète de la révolte et de la « liberté libre ». Auteur de poésies en vers, d'un recueil en prose (*Illuminations*), et d'une œuvre inclassable (*Une saison en enfer*), il quitte l'Europe à 22 ans pour l'aventure en Afrique : il n'écrira plus.

La Commune de Paris est un gouvernement révolutionnaire formé lors de l'insurrection du 18 mars 1871, à l'issue de la guerre franco-prussienne. Les troupes de Thiers, chef du pouvoir exécutif, pénètrent dans Paris le 21 mai : ce sera « la semaine sanglante ». Les communards, « les fédérés », incendient la ville avec des bombes à pétrole lancées par des femmes, « les pétroleuses ». Ils seront massivement exécutés ou déportés. Ce poème figure dans une lettre adressée par Rimbaud, le 15 mai 1871 à Paul Demeny, son ancien professeur.

Chant de guerre parisien

« J'ai résolu de vous donner une heure de littérature nouvelle. Je commence de suite par un psaume[1] d'actualité. »

Le Printemps est évident, car
Du cœur des Propriétés vertes
Le vol de Thiers et de Picard
Tient ses splendeurs grandes ouvertes

Ô Mai ! quels délirants culs-nus[2] !
Sèvres, Meudon, Bagneux, Asnières,
Écoutez donc les bienvenus
Semer les choses printanières !

Ils ont schako[3], sabre et tam-tam,
Non la vieille boîte à bougies
Et des yoles[4] qui n'ont jam, jam[5]...
Fendent le lac aux eaux rougies !

1. Texte religieux. Mais, au sens étymologique, le mot vient du grec *psalmos* : « qui fait vibrer ».
2. Référence aux sans-culottes, aux révolutionnaires.
3. Casquette des soldats de Napoléon III.
4. Embarcation légère.
5. Allusion à une chanson populaire : « il était un petit navire qui n'avait jam, jam, jamais navigué ».

Plus que jamais nous bambochons[6]
Quand arrivent sur nos tanières
Crouler les jaunes cabochons[7]
Dans des aubes particulières !

Thiers et Picard sont des Éros[8],
Des enleveurs d'héliotropes[9],   20
Au pétrole ils font des Corots[10]
Voici hannetonner leurs tropes[11]...

Ils sont familiers du Grand Truc !...
Et couché dans les glaïeuls, Favre
Fait son cillement aqueduc,
Et ses reniflements à poivre[12] !

La grand'ville a le pavé chaud,
Malgré vos douches de pétrole,
Et décidément, il nous faut   30
Vous secouer dans votre rôle...

Et les Ruraux qui se prélassent
Dans de longs accroupissements,
Entendront des rameaux qui cassent
Parmi les rouges froissements !

Arthur Rimbaud, « Chant de guerre parisien »,
Poésies, 1870-1871.

6. Faisons la noce.
7. Les casques des Versaillais.
8. Dieu de l'amour, dans la mythologie grecque. Liaison du « s » laisse aussi entendre *zéros*.
9. Plante qui suit le soleil, comme le tournesol.
10. Peintre français paysagiste dont les tableaux avaient une dominante rouge.
11. Les troupes s'agitent inutilement.
12. Favre, ministre des Affaires Étrangères, avait signé l'armistice avec la Prusse le 10 mai 1871. Le poivre est une allusion au fait qu'il avait montré son chagrin trop hypocritement, avec une larme forcée.

Leonard COHEN
(1934-2016)

Leonard Cohen est un auteur et musicien canadien. Influencées par la musique folk et la musique pop, ses chansons ont été très souvent reprises, notamment *Hallelujah*. Son œuvre poétique a été récompensée par le Prix Prince des Asturies des Lettres 2011.

Adolf Eichmann est un criminel de guerre nazi, responsable de la logistique de la « solution finale ». Retrouvé en Argentine en 1960, il a été condamné à mort à l'issue d'un procès retentissant qui s'est tenu à Jérusalem.

Tout ce qu'il faut savoir sur Adolf Eichmann

Yeux : .... Moyens
Cheveux : .... Moyens
Poids : .... Moyen
Taille : .... Moyenne
Signes particuliers : .... Néant
Nombre de doigts : .... Dix
Nombre d'orteils : .... Dix
Intelligence : .... Moyenne

Qu'attendiez-vous ?
10 Des griffes ?
Des incisives démesurées ?
De la salive verte ?

La folie ?

Leonard Cohen, *Des Fleurs pour Hitler*, 1964
in *Le Livre du désir*, trad. J. Vassal, J.-D. Brierre,
© Le Cherche-Midi, 2011.

Adolf Eichmann lors de son procès à Jérusalem, en avril 1961.

Dans l'extrait de la chanson suivante, c'est un dictateur qui parle.

Allons enfants

Je suis l'appel de l'épée conservatrice il est l'heure
Je veux des preuves de ton sens du sacrifice allez lève-toi,
[bats-toi, tue pour moi
Fais couler le sang impur sans demander pourquoi viens
[suis-moi
Je suis la plus belle cause pour mourir
Au nom de toutes tes bouches à nourrir
Contiens ta douleur fais ton devoir avec passion
Question d'honneur pour la grandeur de la Nation
Les traîtres et les ordures moi je leur plante mon drapeau
Et à grand coup de clairon je les torture je les Guantanamo[1]
10 Ne t'avise surtout pas de renier ton pays
Je te veux docile, écoute et obéis

J'aime la discipline la hiérarchie
Les uniformes et les insignes je protège l'ordre établi
Respectueux des traditions j'ai horreur du changement
Je tiens à garder ma place donc je la défends
Testostérone à bloc je donne dans la gonflette
Ni mauviette ni dent douce j'ai l'esprit d'compet'
L'esprit d'conquête, un faible pour les coups bas
Chauvin imbu de moi je revendique la grosse tête
20 Je ne me complais que dans l'excès la démesure
Homme d'exception j'viens marquer l'histoire d'ma
[signature

1. Centre de détention arbitraire américain, au Sud-Est de Cuba.

Je kiffe les bains de foule qui donnent de l'assise à mon
[statut
Ces grandes messes populaires qui t'en mettent plein la
[vue
Je prends mon pied dans les tribunes de tous les stades
C'est jour de fête et étendard levé je parade
La foule m'acclame et s'égosille sous mon emprise
Et moi j'rigole quand ça déborde quand elle se radicalise

Animé par le désir de dominer je suis né pour briller
Le faire savoir au monde entier
En temps de crise je gonfle mes rangs dans la misère   30
Je divise et encourage le repli communautaire
Chacun pour soi et Dieu pour tous
Je croque les faibles, je m'étends je les repousse
Je fonce sur tous les fronts refuse de ronger mon frein
Je sais qu'au bout du compte il ne peut y en rester qu'un
Fier de mes frontières je choisis mes étrangers
Et si j'pouvais les autres, j'voudrais tous les étrangler
Les mettre au pas leur montrer qui c'est l'patron
Piller leurs richesses avant de brûler leurs maisons
Violer leurs femmes et purifier enfin leurs gênes   40
J'aime entendre leurs cris pour apaiser ma haine
J'voudrais les voir se prosterner devant mon Dieu
J'leur imposerai mes valeurs fusil chargé entre les yeux.

Tiré de l'album *Une goutte de miel dans un litre
de plomb*, © L'Autre Distribution, 2009.

Lire le corpus

1 · Vous confronterez les contextes politiques dans lesquels les différents poèmes s'inscrivent. Qu'ont-ils en commun ?

2 · Quelles sont les figures politiques visées par les différents poètes ? Effectuez une recherche sur chacune d'elles. Quelles critiques leur sont adressées ?

3 · Quel procédé au service de la satire politique l'affiche d'André Gill (p. 29) annonce-t-elle ? Montrez que ce procédé se retrouve dans la plupart des poèmes de ce corpus.

4 · Les figures politiques dénoncées dans ce corpus sont-elles toutes associées à des monstres ? Justifiez votre réponse.

5 · Les différents poètes ont recours aux sens. Lesquels ? À quelle fin ?

Prolongements

Photo du film *Les Temps modernes*, de Charlie Chaplin (1936).

Exposé

Pourquoi Charlie Chaplin a-t-il été victime de maccarthysme aux États-Unis ? Aidez-vous de la photographie extraite des *Temps modernes* et l'analyse de la séquence d'ouverture du film.

Vers l'oral du bac

Vous confronterez les cibles et les procédés d'écriture des satires politiques proposées dans ce corpus.

Pause lecture 3 — Comment faire une satire de la violence du pouvoir ?

Jean de La Fontaine, texte 7, p. 32

Retour au texte

1 · Qui est « Sa Majesté Lionne » (v. 1) ? Comment devez-vous lire cette expression pour respecter l'alexandrin ?

2 · Ce phénomène métrique s'observe également au vers 2 : sur quel mot ?

Interprétations

La satire du roi Lion

3 · Quelle image le roi veut-il donner de lui à ses sujets des vers 1 à 14 ?

4 · Quelle rupture le vers 15 introduit-il ? Comment cette rupture est-elle marquée ?

5 · Expliquez le début du vers 15 : « Quel Louvre ! Un vrai charnier ».

6 · Quel portrait du roi est donné aux vers 18 à 27 ?

La satire des courtisans

7 · Quelles figures du courtisan incarnent respectivement l'Ours, le Singe et le Renard ?

8 · Que révèle le sort réservé à chacun de ces animaux ?

9 · Quel sens et quelle valeur donnez-vous à la morale qui conclut la fable ?

10 · Quelle signification politique cette fable porte-t-elle au-delà de sa morale ?

Recherche

Dans son article « La dimension sociopolitique des fables », J.-L. Margolin affirme : « Ni révolutionnaire, ni anarchiste, ni même réformiste [...], le fabuliste montrerait deux morales inconciliables : une morale universelle des droits de l'Homme fondée sur les principes de la liberté et l'égalité et une morale sociopolitique fondée sur l'inégalité des classes sociales. » Recherchez dans les *Fables* une fable qui illustrerait l'une et l'autre morale.

Vers l'écrit du bac

À partir de la morale de cette fable, inventez une autre histoire qui puisse l'illustrer. Vous pouvez situer votre texte de nos jours et l'écrire en prose ou en vers.

Pause lecture 4

Comment écrire la monstruosité politique ?

Paul Verlaine, texte 8, p. 34

Retour au texte

1 · Au premier vers, *j'ai rêvé* est au passé composé. Cela signifie-t-il que l'action est achevée ?

2 · Pourquoi *c'était* est-il décroché du texte ? Quelles autres marques typographiques marquent le même effet ?

Interprétations

Un monstre

3 · À quel vers la description du monstre commence-t-elle ?

4 · Sur quelles parties du corps porte-t-elle ? Relevez et analysez les éléments décrits.

5 · Relevez les couleurs évoquées au sein de la description. Quel est le but recherché par le poète, selon vous ?

6 · À quels animaux le monstre est-il comparé ? Faites des recherches sur la symbolique de ces animaux.

7 · Ce monstre fait-il rire ou effraie-t-il ? En quoi peut-on parler de satire ?

8 · Qui est ce monstre ? Quels éléments vous permettent dans le poème de répondre à cette question ? Relevez les éléments du cadre spatio-temporel dans lequel le rêve se déploie. Est-il précis et historiquement marqué ? Que peut-on en conclure ?

Une vision d'horreur

9 · Relevez les champs lexicaux du toucher et de l'odorat.

10 · Où se termine la première phrase ? Relisez-la. Quels sentiments le poète éprouve-t-il ? Commentez la syntaxe de cette première phrase en lien avec ces sentiments.

11 · Pour quelles raisons et pour quels effets la scène est-elle présentée comme se déroulant de nuit ?

12 · Dans quelle mesure la satire est-elle ici une forme d'écriture politiquement engagée, mais indirecte ?

Vers l'oral du bac

Faites une recherche pour trouver le tableau de Goya intitulé *Saturne dévorant un de ses fils*. Préparez un exposé de cinq minutes dans lequel vous confronterez ce tableau et la poésie-tableau de Verlaine.

Analyse d'image

« Le Justicier », par Alfred Le Petit, journal *Le Pétard*, 24 mars 1878.

Du texte à l'image

1 · Qui sont les deux personnages de cette affiche ? Lequel est « le justicier » ?

2 · Dans quel poème du corpus ce personnage politique est-il évoqué ?

Interprétations

La satire politique

3 · À quel événement politique la date du 2 décembre 1852 correspond-elle ?

4 · Quels procédés de la satire étudiés dans le corpus retrouvez-vous sur ce dessin ? Faites une description précise de l'image du personnage politique dénoncé pour répondre à cette question.

Un écrivain engagé

5 · Faites des recherches sur *L'Histoire d'un crime* d'Hugo. Où et quand cette œuvre a-t-elle été écrite ?

6 · Comment Victor Hugo est-il représenté ? Comment est-il vêtu ? Pourquoi ? Quelle est l'intention du dessinateur ?

Et vous ?

Lisez le poème « Fable ou histoire » de Hugo, proposé p. 131. Apprenez-le par cœur pour en proposer une récitation en classe.

III Quand la poésie lutte et résiste

Face aux totalitarismes, à la violence insoutenable, aux guerres ou à la torture, à quoi les mots du poète peuvent-ils bien servir ? À bien peu de choses peut-être si l'on suit Malherbe pour qui « un bon poète n'est pas plus utile à l'État qu'un bon joueur de quilles. » Les armes ne seraient pas égales...

« *Le souffle et l'énergie contre le désespoir et le renoncement.* »

Toutefois, l'écriture poétique doit bien avoir une puissance efficace, et le poème doit bien être une action puisqu'on cherche à faire taire les poètes.

Le poème porte en lui le souffle et l'énergie qui appellent pour lutter contre le renoncement, qui ouvrent un chemin. Comme l'affirme Pablo Neruda, « la poésie est une insurrection ».

Dans ce troisième corpus, nous nous interrogeons sur la force du langage poétique. Agrippa d'Aubigné (texte 12), soldat des armées protestantes, troque le « luth » de la poésie amoureuse pour les « trompettes » du combat poétique. André Chénier pris dans la Terreur de 1793-94, (texte 13) voit dans la poésie une arme ultime pour faire entendre la Justice et la Vérité avant de mourir guillotiné. Les vers des *Châtiments* (texte 14) de Victor Hugo, en exil, sont des mots de combat contre Napoléon III. C'est également « en rimant » qu'Aragon fait entendre son amour pour la France, sous l'Occupation nazie (texte 15). Poète turc du XXe siècle, Nâzım Hikmet (texte 16), exilé, emprisonné, écrit des poèmes comme autant de cris pour la liberté. Enfin, René Char (texte 17), résistant, écrira un poème de « contre-terreur ».

Liberté d'expression,
illustration en 3D.

Cet extrait est tiré du premier livre du recueil, intitulé « Misères », dans lequel le poète écrit les désastres de la guerre, qui oppose protestants et catholiques. L'auteur revendique son nouveau rôle poétique qui l'a fait changer d'inspiration et délaisser la poésie amoureuse nourrie d'Antiquité.

Agrippa d'Aubigné
(1552-1630)

→ Voir p. 30

Je n'écris plus les feux d'un amour inconnu
Mais par l'affliction[1] plus sage devenu,
J'entreprends bien plus haut car j'apprends à ma plume
Un autre feu auquel la France se consume.
Ces ruisselets d'argent que les Grecs nous peignaient,
Où leurs poètes vains[2] buvaient et se baignaient[3],
Ne courent plus ici ; mais les ondes si claires
Qui eurent les saphirs et les perles contraires[4],
Sont rouges de nos morts ; le doux bruit de leurs flots,
10 Leur murmure plaisant, heurte contre les os.
Telle est en écrivant ma non-commune image ;
Autre fureur qu'amour reluit en mon visage.
Sous un inique[5] Mars, parmi les durs labeurs
Qui gâtent le papier et l'encre de sueurs,
Au lieu de Thessalie[6] aux mignardes[7] vallées,
Nous avortons ces chants, au milieu des armées
En délassant nos bras de crasse tout rouillés,
Qui n'osent s'éloigner des brassards[8] dépouillés.
Le luth[9] que j'accordais avec mes chansonnettes
20 Est ores[10] étouffé de l'éclat des trompettes.
Ici le sang n'est feint[11], le meurtre n'y défaut[12],
La mort joue elle-même en ce triste échafaud[13].

Agrippa d'Aubigné, « Misères », v. 55 à 76, *Les Tragiques*, 1616.

1. Tristesse profonde.
2. Légers, futiles.
3. Sources sacrées dans lesquelles les poètes grecs puisaient leur inspiration.
4. Contraires au sens de « rivaux » ; les ruisseaux de France rivalisaient d'éclat avec les saphirs bleus et les perles.
5. Cruel, injuste.
6. Région de Grèce souvent évoquée par les poètes de l'antiquité.
7. Jolies.
8. Partie de l'armure qui protège les bras.
9. Instrument de la poésie lyrique.
10. Maintenant.
11. N'est pas une illusion.
12. Ne manque pas.
13. Scène de théâtre au XVIe siècle.

Image du film *La Reine Margot*, de Patrice Chéreau (1994).

Pendant son emprisonnement entre le 7 mars et le 23 juillet 1794, jour de son exécution, à la prison Saint-Lazare, André Chénier continue de chanter la force de la poésie face à ce qui opprime et tue.

Comme un dernier rayon...

S'il est écrit aux cieux que jamais une épée
    N'étincellera dans mes mains,
Dans l'encre et l'amertume une autre arme trempée
    Peut encor servir les humains.
Justice, vérité, si ma bouche sincère,
    Si mes pensers les plus secrets
Ne froncèrent jamais votre sourcil sévère,
    Et si les infâmes progrès,
Si la risée atroce ou (plus atroce injure !)
    L'encens de hideux scélérats
Ont pénétré vos cœurs d'une longue blessure,
    Sauvez-moi ; conservez un bras
Qui lance votre foudre, un amant qui vous venge.
    Mourir sans vider mon carquois[1] !
Sans percer, sans fouler, sans pétrir dans leur fange[2]
    Ces bourreaux barbouilleurs de lois,
Ces tyrans effrontés de la France asservie,
    Égorgée !... Ô mon cher trésor,
Ô ma plume ! Fiel, bile[3], horreur, dieux de ma vie !
    Par vous seuls je respire encor.

André Chénier, « Comme un dernier rayon... »,
20 juillet 1794, IX, in *Œuvres*, éd. posthumes, 1819.

André CHÉNIER (1762-1794)

Révolutionnaire, André Chénier se rallie à la « Société de 1789 » avec Condorcet, Lavoisier, Sieyès et Mirabeau. Il se heurte aux Jacobins, dont il ne partage pas l'intransigeance. Il participe à la défense de Louis XVI avec Malesherbes, ce qui le rend suspect pour la Terreur jacobine. Le 7 mars 1794, il est arrêté, condamné à mort, puis exécuté.

1. Étui à flèches.
2. Boue.
3. Amertume.

Au moment où Hugo écrivit ce poème, une amnistie au prix d'un acte de soumission avait été accordée par Napoléon III à ses opposants alors en exil depuis le coup d'État ; certains proscrits firent alors le choix de rentrer en France. Hugo répliquera : « Fidèle à l'engagement que j'ai pris vis-à-vis de ma conscience, je partagerai jusqu'au bout l'exil de la liberté. Quand la liberté rentrera, je rentrerai ». Ce qu'il fit, à la chute du régime en 1870. Le passage proposé ci-dessous constitue les strophes 9 à 16 du poème.

Ultima verba

Je ne fléchirai pas ! Sans plainte dans la bouche,
Calme, le deuil au cœur, dédaignant le troupeau,
Je vous embrasserai dans mon exil farouche,
Patrie, ô mon autel ! Liberté, mon drapeau !

Mes nobles compagnons, je garde votre culte ;
Bannis, la République est là qui nous unit.
J'attacherai la gloire à tout ce qu'on insulte ;
Je jetterai l'opprobre à tout ce qu'on bénit !

Je serai, sous le sac de cendre qui me couvre,
La voix qui dit : malheur ! la bouche qui dit : non !
Tandis que tes valets te montreront ton Louvre,
Moi, je te montrerai, César, ton cabanon[1].

Devant les trahisons et les têtes courbées,
Je croiserai les bras, indigné, mais serein.
Sombre fidélité pour les choses tombées,
Sois ma force et ma joie et mon pilier d'airain[1] !

10

**Victor Hugo
(1802-1885)**

Ses œuvres romanesques (*Le Dernier jour d'un condamné*, 1829 ; *Les Misérables*, 1862), poétiques (*Les Châtiments*), dramatiques (*Ruy Blas*, 1838), sont aussi des textes de combat contre les inégalités, la peine de mort et la misère humaine. Député en 1848, il choisit l'exil après le coup d'état de Napoléon III le 2 décembre 1851, et ne revient à Paris qu'à la chute du régime.

1. Cellule où l'on enferme les fous dangereux.
2. Nom poétique du bronze. Comprendre ici : dur, inflexible.

Oui, tant qu'il sera là, qu'on cède ou qu'on persiste,
Ô France ! France aimée et qu'on pleure toujours,
Je ne reverrai pas ta terre douce et triste,
20   Tombeau de mes aïeux et nid de mes amours !

Je ne reverrai pas ta rive qui nous tente,
France ! hors le devoir, hélas ! j'oublierai tout.
Parmi les éprouvés je planterai ma tente :
Je resterai proscrit, voulant rester debout

J'accepte l'âpre exil, n'eût-il ni fin ni terme,
Sans chercher à savoir et sans considérer
Si quelqu'un a plié qu'on aurait cru plus ferme,
Et si plusieurs s'en vont qui devraient demeurer.

Si l'on n'est plus que mille, eh bien, j'en suis ! Si même
30   Ils ne sont plus que cent, je brave[1] encor Sylla[2] ;
S'il en demeure dix, je serai le dixième ;
Et s'il n'en reste qu'un, je serai celui-là !

Jersey, 2 décembre 1852[3].

Victor Hugo, « Ultima verba », *Les Châtiments*, 1853.

1. J'affronte.
2. Dictateur romain, resté célèbre pour ses massacres et ses proscriptions.
3. Date fictive qui correspond au jour du couronnement de Napoléon III.

Victor Hugo sur la terrasse
de Hauteville House,
en exil sur l'île de Guernesey
en 1868.

Résonance
Victor HUGO, Préface des *Châtiments*, 1853

Quoi que fassent ceux qui règnent chez eux par la violence et hors de chez eux par la menace, quoi que fassent
ceux qui se croient les maîtres des peuples et qui ne sont que
les tyrans des consciences, l'homme qui lutte pour la justice
et la vérité trouvera toujours le moyen d'accomplir son devoir
tout entier. La toute-puissance du mal n'a jamais abouti qu'à
des efforts inutiles. La pensée échappe toujours à qui tente de
l'étouffer. Elle se fait insaisissable à la compression ; elle se
réfugie d'une forme dans l'autre. Le flambeau rayonne ; si on
l'éteint, si on l'engloutit dans les ténèbres, le flambeau devient
une voix, et l'on ne fait pas la nuit sur la parole ; si l'on met un
bâillon à la bouche qui parle, la parole se change en lumière,
et l'on ne bâillonne pas la lumière.

En 1942, la France est occupée par l'Allemagne nazie. De nombreux poètes décident de résister à travers leur art. C'est dans ce contexte qu'Aragon publie clandestinement le recueil Les Yeux d'Elsa, *dans lequel figure ce poème.*

Plus belle que les larmes

J'empêche en respirant certaines gens de vivre
Je trouble leur sommeil d'on ne sait quels remords
Il paraît qu'en rimant je débouche les cuivres
Et que ça fait un bruit à réveiller les morts

Ah si l'écho des chars dans mes vers vous dérange
S'il grince dans mes cieux d'étranges cris d'essieu
C'est qu'à l'orgue l'orage a détruit la voix d'ange
Et que je me souviens de Dunkerque[1] Messieurs

C'est de très mauvais goût j'en conviens Mais qu'y faire
Nous sommes quelques-uns de ce mauvais goût-là
Qui gardons un reflet des flammes de l'enfer
Que le faro du Nord[2] à tout jamais saoula

Quand je parle d'amour mon amour vous irrite
Si j'écris qu'il fait beau vous me criez qu'il pleut
Vous dites que mes prés ont trop de marguerites
Trop d'étoiles ma nuit trop de ciel bleu mon ciel bleu

Comme le carabin[3] scrute le cœur qu'il ouvre
Vous cherchez dans mes mots la paille de l'émoi

Louis ARAGON
(1897-1982)

Louis Aragon participe au mouvement surréaliste avec lequel il prendra ses distances après son adhésion au parti communiste. Il entre en résistance durant la Seconde Guerre mondiale. Parmi ses poèmes les plus célèbres figurent ceux qu'il dédie à sa compagne, Elsa Triolet.

10

1. Défaite de Dunkerque, au terme de laquelle une partie de l'armée française est emprisonnée par les Allemands.
2. Phare de Dunkerque, endommagé par les bombardements de la bataille.
3. Étudiant en médecine.

N'ai-je pas tout perdu le Pont-Neuf et le Louvre
Et ce n'est pas assez pour vous venger de moi   20

Vous pouvez condamner un poète au silence
Et faire d'un oiseau du ciel un galérien
Mais pour lui refuser le droit d'aimer la France
Il vous faudrait savoir que vous n'y pouvez rien

Louis Aragon, « Plus belle que les larmes », strophes 1 à 6,
Les Yeux d'Elsa, © Seghers, 1942.

Résonance
Paul ELUARD, Préface de *L'Honneur des poètes*, 1943

Whitman animé par son peuple, Hugo appelant aux armes, Rimbaud aspiré par la commune, Maïakovski exalté, exaltant, c'est vers l'action que les poètes à la vue immense sont, un jour ou l'autre, entraînés. Leur pouvoir sur les mots étant absolu, leur poésie ne saurait jamais être diminuée par le contact plus ou moins rude du monde extérieur. La lutte ne peut que leur rendre des forces. Il est temps de redire, de proclamer que les poètes sont des hommes comme les autres, puisque les meilleurs d'entre eux ne cessent de soutenir que tous les hommes sont ou peuvent être à l'échelle du poète. Devant le péril aujourd'hui couru par l'homme, des poètes nous sont venus de tous les points de l'horizon français. Une fois de plus la poésie mise au défi se regroupe, retrouve un sens précis à sa violence latente, crie, accuse, espère.

© Le Temps des cerises, 2014.

Nâzım Hikmet
(1902-1963)

Nâzım Hikmet est l'une des plus importantes figures de la littérature turque du XXᵉ siècle. Ses œuvres ont été traduites dans plus de cinquante langues. Condamné pour marxisme, il a passé près de la moitié de sa vie en prison et le reste du temps en exil. Il baptisa la poésie « le plus sanglant des arts ». Il est mort en 1963 à Moscou.

Après vingt ans de prison comme opposant politique au régime turc, Nâzım Hikmet est enfin libre. Il reprend le chemin de l'exil. Dans ce poème, écrit un an avant sa mort, il rend hommage aux poètes engagés d'Asie et d'Afrique.

Aux écrivains d'Asie et d'Afrique

Mes frères,
couplés au bœuf décharné, nos poèmes
                doivent pouvoir labourer la terre,
pénétrer jusqu'au genou
                dans les marais des rizières,
poser toutes les questions,
rassembler toutes les lumières.
Telles des bornes kilométriques, nos poèmes
doivent distinguer avant tout le monde
l'ennemi qui approche,
battre le tam-tam dans la jungle.
Et   jusqu'à ce qu'il ne reste plus sur terre
un seul pays captif, un seul   prisonnier,
ni dans le ciel, un seul nuage atomisé,
tout ce qu'ils possèdent,
leur intelligence et leur pensée, toute leur vie,
             pour la grande liberté, nos poèmes.

22 janvier 1962, Moscou.

Nâzım Hikmet, *Il neige dans la nuit et autres poèmes*,
trad. de M. Andac et G. Dino, © Poésie-Gallimard, 1962.

« Hypnos » était le surnom de René Char pendant la guerre. Dans la mythologie, Hypnos est l'un des oneiroi, *dieux du sommeil. À la manière d'Hypnos, la résistance en général et le poète en particulier, veillent pendant la nuit de l'Occupation. Char dédie son recueil à son ami Albert Camus.*

**René CHAR
(1907-1988)**

René Char, figure majeure de la poésie du XXe siècle, s'engage en 1942 dans les Forces Françaises combattantes, mouvement de la Résistance. Il choisit de ne rien publier sous l'Occupation. Après *Le Visage nuptial* (1938), *Seuls demeurent* et *Feuillets d'Hypnos* seront publiés en 1945 et 1946.

La contre-terreur, c'est ce vallon que peu à peu le brouillard comble, c'est le fugace bruissement des feuilles comme un essaim de fusées engourdies, c'est cette pesanteur bien répartie, c'est cette circulation ouatée d'animaux et d'insectes tirant mille traits sur l'écorce tendre de la nuit, c'est cette graine de luzerne sur la fossette d'un visage caressé, c'est cet incendie de la lune qui ne sera jamais un incendie, c'est un lendemain minuscule dont les intentions nous sont inconnues, c'est un buste aux couleurs vives qui s'est plié en souriant, c'est l'ombre, à 10 quelques pas, d'un bref compagnon accroupi qui pense que le cuir de sa ceinture va céder... Qu'importent alors l'heure et le lieu où le diable nous a fixé rendez-vous !

René Char, *Feuillets d'Hypnos*, © Gallimard, 1946.

Lire le corpus

1 · Dans quels contextes politiques précis les poèmes du corpus s'inscrivent-ils respectivement?

2 · Tous les poèmes du corpus font mention de la poésie dans leurs textes. Relevez pour chacun des expressions significatives. Quel rôle attribuent-ils à la poésie ?

3 · Après avoir recherché la définition de la notion d'« art poétique », vous direz en quoi on peut considérer ces textes comme des arts poétiques.

4 · Pour quelles valeurs ou quel idéal les poètes du corpus résistent-ils ? Peut-on leur trouver des points communs ?

5 · Confrontez les émotions qui conduisent les poètes à écrire. En quoi l'émotion joue-t-elle un rôle fondamental dans cette écriture de résistance?

Et vous ?

Réflexion personnelle

a. Peut-on résister seul ? Confrontez les textes du corpus.

b. Vous direz pourquoi et comment les poètes du corpus voient dans la poésie un acte de résistance efficace.

c. Estimez-vous ces poètes actuels ? Développez votre réponse.

Prolongements

Voici le début du roman de M.-S. Roger, *Le Quatrième Soupirail* (2009) : « Un matin, le père de Pablo est enlevé sous ses yeux par des soldats. Son crime : écrire de la poésie révolutionnaire. Dans ce pays où la dictature règne, la liberté d'expression est interdite. » Comment Pablo va-t-il sauver son père ? Menez l'enquête en lisant ce court roman.

Louis Aragon, texte 15, p. 54

Retour au texte

1 · Que s'est-il passé à Dunkerque en 1940 ? À quoi Aragon fait-il référence ?

2 · Qui peut « condamner un poète au silence » ?

Interprétations

Le portrait du poète résistant

3 · Qui est désigné par le pronom *vous* ?

4 · Pourquoi les occurrences de ce pronom sont-elles si nombreuses?

5 · Qui est désigné par *nous* (v. 10) ? Comment peut-on interpréter le fait que ce pronom n'apparaisse qu'une seule fois ?

6 · Comment le poète se définit-il au vers 22 ? Pourquoi ? Les autres termes confirment-ils cette définition ?

7 · Expliquez le mot *galérien* (v. 22).

8 · Le champ lexical de la guerre est appliqué dans ce poème. Relevez-le et expliquez-le.

9 · Comment expliquez-vous le choix du mot *orage* (v. 7) ?

10 · Quel est le rôle de la poésie en ces temps de guerre ? Qu'apporte, au-delà de la voix, l'écriture d'un poème ?

Tradition et modernité poétique

11 · En quoi ce poème renoue-t-il dans sa forme avec une certaine tradition poétique ? Pourquoi, selon vous ?

12 · Toutefois, le poème adopte aussi des choix d'écriture plus modernes. Lesquels ? Pourquoi, selon vous ?

Vers l'écrit du bac

Dans la préface de *L'Honneur des poètes* (p. 55), Eluard affirme que « les poètes sont des hommes comme les autres ». Vous expliquerez et discuterez éventuellement cette affirmation.

René Char, texte 17, p. 57

Retour au texte

1 · Faites une recherche sur la figure mythologique d'Hypnos.

2 · De combien de phrases ce poème est-il composé ? Quelle est ici la fonction de la ponctuation ?

Interprétations

Une réponse à la « terreur »

3 · À quelle « terreur » Char oppose-t-il son poème ?

4 · Cette « terreur » est-elle évoquée par d'autres mots dans le poème ? Lesquels ?

5 · Qu'oppose le poète à la terreur ?

6 · Quelle figure de style rythme le poème ? Quel est l'effet produit par cette construction syntaxique ?

7 · Quelles émotions animent le poème au fil de sa progression ?

La beauté du monde

8 · Où le poète porte-t-il son regard ? Sur quels éléments précis ?

9 · Relevez les adjectifs du poème. Quels rôles la nature joue-t-elle pour le poète et ses compagnons ? Appuyez-vous sur des citations précises pour justifier votre réponse.

10 · Quel est le temps dominant des verbes dans ce poème ? Pourquoi selon vous ?

11 · Commentez les sonorités dans les lignes 2 et 3.

12 · En quoi peut-on dire que le monde célébré fait surgir la vie que la terreur menace de supprimer ?

Et vous ?

Écriture

À votre tour, à la manière de Char, rédigez votre propre « contre-terreur ».

Vers l'oral du bac

Pour préparer la lecture à voix haute de ce texte, marquez les pauses, entourez les mots sur lesquels vous vous arrêterez, entourez les sonorités que vous voulez faire ressortir, soulignez les accélérations de rythme. Entraînez-vous à lire le texte plusieurs fois.

Dessin de Plantu (né en 1951), publié à la une du journal *Le Monde*, le 9 janvier 2015.

Du texte à l'image

1 · Qui est Plantu ?

2 · Après quel événement tragique ce dessin a-t-il été publié ?

Interprétations

3 · En bas à gauche du tableau figure l'inscription « D'après Delacroix ». Expliquez cette référence. Recherchez le tableau de Delacroix duquel s'inspire Plantu.

4 · Quels sont les éléments de réécriture du dessin de Plantu ?

5 · Au premier plan du dessin de Plantu, qui sont les morts à qui il rend hommage ?

6 · Quelle était la portée politique du tableau de Delacroix ?

7 · Pourquoi, selon vous, Plantu choisit-il de s'inspirer de ce tableau-là ?

Et vous ?

8 · Quel lien pouvez-vous faire entre ce tableau et les textes du corpus ?

9 · Créez à votre tour une affiche pour défendre la place des artistes féminines.

IV La voix des sans-voix

Pour le philosophe Jacques Rancière, il y a politique « lorsque l'ordre naturel de la domination est interrompu par l'institution d'une part des sans-part » (*La Mésentente. Politique et philosophie*, 1995).

Ainsi la politique relève-t-elle de la dissonance, de la perturbation : il y a politique lorsque la hiérarchie et les divisions construites par l'ordre dominant sont perturbées par les « incomptés » (ceux que l'ordre de la cité ne prend pas en compte), par les étouffés, les muets, les anonymes. Dans la mesure où le poème donne voix aux sans-voix, part aux « sans-parts », il est en lui-même un geste politique dont le changement d'énonciation est l'élément le plus visible, passant du « je » du poète au « je » qui est un autre, au « moi »

« Des poèmes qui portent la voix des exclus . »

qui peut être petite fille ou vieillard, au « nous » qui est une voix collective jusque-là inaudible.

Les poèmes de ce quatrième corpus donnent une présence à ceux qui sont rejetés, humiliés (textes 18 et 21), et une voix à ceux qui n'ont pas le droit à la parole : peuple noir (textes 19 et 20), migrants (textes 22 et 23). L'écrivain marocain Tahar Ben Jelloun dans *La Remontée des cendres* le dit autrement : « Il est une douleur millénaire qui rend notre souffle dérisoire. Le poète est celui qui risque les mots. Il les dépose pour pouvoir respirer. Cela ne rend pas ses nuits plus paisibles. Il doit cerner l'impuissance de la parole face à l'extrême brutalité de l'histoire, face à la détresse de ceux qui n'ont plus rien, pas même la raison pour survivre et oublier ».

Jacques Callot (1592-1635), *Les Gueux*, gravure, Paris, BNF.

VICTOR HUGO
(1802-1885)

→ Voir p. 51

Les Contemplations est un recueil poétique composé de six livres. Il retrace et reconstruit chronologiquement le parcours d'Hugo en déclinant les différentes figures du poète. La mort de sa fille Léopoldine en constitue le pivot central, le point de basculement. Le poème suivant est extrait du Livre III, intitulé « Les luttes et les rêves » qui prend en considération la misère du monde. Hugo tente de lutter contre les préjugés des hommes envers les êtres rejetés que sont l'araignée et l'ortie.

J'aime l'araignée et j'aime l'ortie,
    Parce qu'on les hait ;
Et que rien n'exauce et que tout châtie
    Leur morne souhait ;

Parce qu'elles sont maudites, chétives[1],
    Noirs êtres rampants ;
Parce qu'elles sont les tristes captives
    De leur guet-apens ;

Parce qu'elles sont prises dans leur œuvre ;
    Ô sort ! fatals nœuds !
Parce que l'ortie est une couleuvre,
    L'araignée un gueux[2] ;

Parce qu'elles ont l'ombre des abîmes,
    Parce qu'on les fuit,
Parce qu'elles sont toutes deux victimes
    De la sombre nuit...

1. Fragiles.
2. Un misérable.

Passants, faites grâce à la plante obscure,
    Au pauvre animal.
Plaignez la laideur, plaignez la piqûre,
    Oh ! plaignez le mal !

20

Il n'est rien qui n'ait sa mélancolie ;
    Tout veut un baiser.
Dans leur fauve horreur, pour peu qu'on oublie
    De les écraser,

Pour peu qu'on leur jette un œil moins superbe,
    Tout bas, loin du jour,
La vilaine bête et la mauvaise herbe
    Murmurent : Amour !

Victor Hugo, *Les Contemplations*, Livre III,
XXVII, 1856.

Cahier d'un retour au pays natal est la première œuvre poétique publiée par Aimé Césaire. Le poète y fait entendre son cri de révolte face à l'esclavage, à la servitude, au silence et à l'humiliation, subis par le peuple noir de Martinique. Il s'agit d'être désormais « debout ».

Aimé CÉSAIRE
(1913-2008)

Né en Martinique, Aimé Césaire poursuit ses études à Paris, et dans l'entre-deux-guerres fonde avec Léopold Sédar Senghor et Léon Gontran Damas le concept de négritude. Son œuvre majeure est *Cahier d'un retour au pays natal*. Élu maire de Fort-de-France puis député, il revendiquera l'autonomie de la Martinique.

Partir. Mon cœur bruissait de générosités emphatiques. Partir... j'arriverais lisse et jeune dans ce pays mien et je dirais à ce pays dont le limon[1] entre dans la composition de ma chair : « J'ai longtemps erré et je reviens vers la hideur désertée de vos plaies ».

Je viendrais à ce pays mien et je lui dirais : « Embrassez-moi sans crainte... Et si je ne sais que parler, c'est pour vous que je parlerai. »

Et je lui dirais encore :

10 « Ma bouche sera la bouche des malheurs qui n'ont point de bouche, ma voix, la liberté de celles qui s'affaissent au cachot du désespoir. »

Et venant je me dirais à moi-même :

« Et surtout mon corps aussi bien que mon âme, gardez-vous de vous croiser les bras en l'attitude stérile du spectateur, car la vie n'est pas un spectacle, car une mer de douleurs n'est pas un proscenium[2], car un homme qui crie n'est pas un ours qui danse... »

Aimé Césaire, *Cahier d'un retour au pays natal*,
© Éd. Présence africaine, 1956, p. 22-23.

1. Dépôts de terre, d'argile.
2. L'avant-scène au théâtre.

Résonance
Jean-Paul SARTRE, « Orphée noir », 1948

*« Orphée noir » est le titre de la préface que Jean-Paul Sartre donna à l'*Anthologie de la nouvelle poésie nègre et malgache *de Senghor en 1948. Il y définit le concept de négritude, au moment où les combats contre la décolonisation contribuaient à libérer ces voix noires.*

Qu'est-ce donc que vous espériez, quand vous ôtiez le bâillon qui fermait ces bouches noires ? Qu'elles allaient entonner vos louanges ? [...] Voici des hommes debout qui nous regardent et je vous souhaite de ressentir comme moi le saisissement d'être vus. Car le blanc a joui trois mille ans du privilège de voir sans qu'on le voie ; il était regard pur, la lumière de ses yeux tirait toute chose de l'ombre natale, la blancheur de sa peau c'était un regard encore, de la lumière condensée. [...] Aujourd'hui ces hommes noirs nous regardent et notre regard rentre dans nos yeux ; des torches noires, à leur tour, éclairent le monde et nos têtes blanches ne sont plus que de petits lampions balancés par le vent. [...] Jadis Européens de droit divin, nous sentions depuis quelque temps notre dignité s'effriter sous les regards américains ou soviétiques. [...] Au moins espérions-nous retrouver un peu de notre grandeur dans les yeux domestiques des Africains. Mais il n'y a plus d'yeux domestiques : il y a les regards sauvages et libres qui jugent notre terre.

Jean-Paul Sartre, « Orphée noir » in *Situations III*, © Gallimard, 1948.

Composé de six chants, le sous-titre originel de ce long poème est « Poème de l'une et l'autre terre ». L'extrait proposé est une évocation de l'esclavage et de la traite des Noirs.

On a cloué un peuple aux bateaux de haut bord, on a vendu, loué, troqué la chair. Et la vieillesse pour le menu, les hommes aux moissons de sucres, et la femme pour le prix de son enfant. Il n'est plus de mystère ni d'audace : les Indes[1] sont marché de mort ; le vent le clame maintenant, droit sur la proue ! Ceux qui ont incendié l'amour et le désir ; ce sont Navigateurs. Ils ont tourné la face vers la forêt, ils demandent, muets, quelque parole. Langage, une autre fois, de nudité. Pour le muscle, tant de mots. Ô Langage désert, et sa grammaire mortuaire ! Pour la denture, encore tant... Jusqu'à l'Oméga du monde nouveau ! Or, très anciennement, je vois Cyrus[2] menant ses gens à l'abreuvoir, à l'heure où tu deviens rouge d'un autre espoir, soleil. Cyrus, maître trahi qui te fustige puis t'insulte, mer. Avez-vous oublié l'abreuvoir de douleurs et le fouet de la lumière ? Je vois un soleil cru et une mer de lassitudes, qui entretiennent sur le sang les grandes Indes sans mystère.

« Un d'eux, qui profitant d'une mégarde des chiourmes[3], tourne son âme vers la mer, il s'engloutit. Un autre abâtardi dont le corps est sans prairie, sans rivière, sans feu. Un qui meurt dans sa fiente[4] consommée à la fétidité[5] commune. Un ici qui sait sa femme enchaînée près de lui : il ne la voit, mais il l'entend faiblir. Et Un qui sait sa femme nouée au bois là-bas d'un négrier : il ne la voit

Édouard GLISSANT
(1928-2011)

Né en Martinique, Édouard Glissant fonde le Front antillo-guyanais qui revendique l'indépendance pour les départements d'Outre-Mer. Poète, il est aussi l'auteur d'essais majeurs, comme *Le Traité du Tout-Monde* qui souligne la force de la circulation de la parole en dehors du cadre des territoires et des cultures nationales.

1. C'est l'Amérique. Colomb croyait avoir découvert une nouvelle route vers les Indes.
2. Fondateur de l'empire perse. L'étymologie du nom provient de l'indo-iranien *Kuru* qui signifie « chauffé par le feu de l'héroïsme ».
3. Gardiens, par ellipse du premier mot du nom composé *gardes-chiourmes* (qui signifie « gardien d'esclaves, de forçats »).
4. Excréments.
5. Puanteur.

mais il l'entend partir. Un encore dont le gourdin[6] a cassé quelque côte, mais on punit le marin peu économe du butin. Et Un qu'on mène sur le pont, une fois la semaine, que ses jambes ne pourrissent. Un qui ne veut marcher, immobile en sa mort déjà, qu'on fait danser sur la tôle de feu. Un qui attend l'inanition[7], il se refuse à avaler le pain mouillé de salaison ; mais on lui offre de ce pain ou du fer rouge sur la flamme, qu'il choisisse. Un enfin qui à la fin avale sa langue, s'étouffe, immobile dans sa bave rouge. Cela se nomme d'un nom savant dont je ne puis me souvenir, mais dont les fonds marins depuis ce temps ont connaissance, sans nul doute. »

30

> Édouard Glissant, *Les Indes, Poème de l'une et l'autre terre* (extrait), © D.R.

6. Bâton.
7. La mort par manque de nourriture.

Ce poème évoque la violence subie par des femmes, à la Libération, en 1944. Parce qu'elles avaient eu des relations avec des Allemands, elles furent publiquement tondues. Ceux qui se réclament alors de la liberté et de la résistance, souvent de dernière minute, deviennent à leur tour des bourreaux.

Comprenne qui voudra

En ce temps-là, pour ne pas châtier les coupables, on maltraitait des filles. On allait même jusqu'à les tondre.

Comprenne qui voudra
Moi mon remords ce fut
La malheureuse qui resta
Sur le pavé
La victime raisonnable
À la robe déchirée
Au regard d'enfant perdue
Découronnée défigurée
Celle qui ressemble aux morts
Qui sont morts pour être aimés

Une fille faite pour un bouquet
Et couverte
Du noir crachat des ténèbres

Une fille galante
Comme une aurore de premier mai
La plus aimable bête

Paul ELUARD
(1894-1961)

Poète surréaliste, soutenant les républicains espagnols en 1936 au côté du peintre Pablo Picasso, il rejoindra le parti communiste et la résistance pendant la Seconde Guerre mondiale. Son poème « Liberté » (p. IV du cahier central) est largué par les avions anglais sous forme de tracts au-dessus de la France occupée.

10

Souillée et qui n'a pas compris
Qu'elle est souillée
Une bête prise au piège
Des amateurs de beauté

Et ma mère la femme
Voudrait bien dorloter
Cette image idéale
De son malheur sur terre.

Paul Eluard, « Comprenne qui voudra », *Au Rendez-vous
allemand*, © Minuit, 1945.

*Femme tondue
à la Libération,*
photographie de 1944.

Résonance
Paul ELUARD, *L'Évidence poétique*, 1937

*En 1936, à l'occasion de l'exposition internationale du sur-
réalisme à Londres, Eluard prononce une conférence :* L'Évidence
poétique. *Il y célèbre le surréalisme, qui a travaillé à « réduire les
différences qui existent entre les hommes ».*

Depuis plus de cent ans, les poètes sont descendus des
sommets sur lesquels ils se croyaient. Ils sont allés dans les
rues, ils ont insulté leurs maîtres, ils n'ont plus de dieux,
ils osent embrasser la beauté et l'amour sur la bouche, ils
ont appris les chants de révolte de la foule malheureuse et
sans se rebuter, essaient de lui apprendre les leurs. Peu leur
importent les sarcasmes et les rires, ils y sont habitués, mais
ils ont maintenant l'assurance de parler pour tous. Ils ont leur
conscience pour eux.

© Gallimard.

Pier Paolo PASOLINI
(1922-1975)

Poète italien, journaliste, anti-fasciste, chassé à la fois du corps enseignant et du parti communiste en raison de son homosexualité, il est aussi scénariste et réalisateur (*Œdipe Roi*, 1967). Son œuvre fortement contestataire subit de nombreuses attaques en justice. Il est assassiné sur une plage d'Ostie, en 1975.

En 1942, Pasolini, âgé de vingt ans, compose ce recueil de poésies. Casarsa, le village natal de sa mère, est situé dans le Frioul. C'est une terre idyllique, celle de la nostalgie d'un monde plus humain. Il rédige ce recueil en dialecte frioulan pour accentuer l'idée d'éloignement et de rupture.

Je courais dans le crépuscule boueux,
derrière des escaliers défoncés, de muets
échafaudages, à travers des quartiers en eau,
dans l'odeur du fer, des nippes[1]
réchauffées, qu'à l'intérieur d'une croûte
de poussière, au milieu de masures[2] de fer-blanc
et de tuyaux d'écoulement, élevaient des murs
récents et déjà écaillés, sur un fond
de métropole décolorée.
        Sur l'asphalte[3]
défoncé, parmi les brins d'une herbe âcre
d'excréments et des esplanades
noires de boue – que la pluie creusait
en infectes tiédeurs – les files
compactes de cyclistes, des camions
de bois grinçants, se perdaient
de temps à autre, dans les centres de faubourgs
où l'on voyait déjà à quelques bars des cercles
de blanches lumières, et sous le mur
lisse d'une église s'étendaient,
vicieux, les jeunes.
        Autour des gratte-ciel
populaires, déjà vieux, les jardins pourris

10

20

1. Vieux vêtements.
2. Maisons misérables.
3. Le bitume, le goudron.

Dossier images

Allégorie à Louis XIV protecteur des arts et des sciences

de Jean Garnier (1632-1705),
1670-1672, huile sur toile
(1,74 x 2,23 m), château de Versailles.

I

Je suis Charlie

Dessin de Plantu (né en 1951), publié à la une du journal *Le Monde*,
le 9 janvier 2015.

Pier Paolo Pasolini

Affiche d'Ernest Pignon-Ernest commémorant les 40 ans de la mort de l'artiste

Liberté

Fernand Léger (1881-1955), illustration du poème « Liberté »
de Paul Eluard, 1953, (crayon, huile sur toile, 0,31 m x 1, 3), Paris,
Musée National d'Art Moderne-Centre Georges Pompidou.

et les usines hérissées de grues immobiles
stagnaient dans un silence fébrile ;
mais un peu en dehors du centre où les lumières venaient
[de se rallumer
à côté de ce silence, une rue
bleue d'asphalte, semblait toute plongée
dans une vie oublieuse et aussi intense
qu'ancienne. Les feux d'une lumière perçante,   30
quoique rares, brillaient,
et les fenêtres encore ouvertes étaient
blanches de vêtements étendus, palpitantes
de voix internes. Assises aux seuils
se tenaient les vieilles femmes, et pleins de fraîcheur
dans leurs bleus de travail ou des pantalons courts aux allures
de fête, les garçons plaisantaient,
mais en se tenant embrassés, avec des compagnes
plus précoces qu'eux.
                    Tout était humain,   40
dans cette rue, et les hommes s'y tenaient
agrippés, de l'encadrement des portes au trottoir,
avec leurs pauvres vêtements, leurs lumières...

Il semblait que jusqu'au fond de son intime
et misérable habitation, l'homme
campât seulement, comme une autre race,
et qu'attaché à ce quartier, son quartier,
dans ce crépuscule graisseux et poussiéreux,
sa condition n'en fut pas une, mais une confuse
halte.   50

Et que celui qui traversait cette rue,
dépouillé de l'innocente nécessité,
perdu par les siècles de chrétienté
qui s'étaient perdus en ces gens,
ne fût qu'un étranger.

Pier Paolo Pasolini, poème XI, *Poèmes posthumes* 1950/1951,
trad. N. Castagné, D. Fernandez, © Poésie/Gallimard, 1995.

Résonance
Georges DIDI-HUBERMAN, « Survivance des lucioles », 2009

Né en 1953, philosophe, historien de l'art, Georges Didi-Huberman défend les « trouées de lumière » qui, comme des lucioles[1], éclairent notre époque. Il répond ainsi au pessimisme d'un article de Pasolini sur « la disparition des lucioles », publié en 1975.

« Or nous, devons, pour cela, assumer nous-mêmes la liberté du mouvement, le retrait qui ne soit pas repli, la force diagonale, la faculté de faire apparaître des parcelles d'humanité, le désir indestructible. Nous devons donc nous-mêmes – en retrait du règne et de la gloire, dans la brèche ouverte entre le passé et le futur – devenir des lucioles et reformer par là une communauté du désir, une communauté de lueurs émises, de danses malgré tout, de pensées à transmettre. Dire oui dans la nuit traversée de lueurs, et ne pas se contenter de décrire le non de la lumière qui nous aveugle […]. Les lucioles, il ne tient qu'à nous de ne pas les voir disparaître. Peuple-luciole, c'est d'eux qu'une communauté peut se redéfinir ».

in *Le Monde des livres*, décembre 2009, © Le Monde.

1. Vers luisants.

« Home » est un poème, écrit et récité pour la première fois en 2010 par Warsan Shire avant même que les médias et les gouvernants aient mis un nom sur la « crise des migrants ». Il s'agit ici d'un extrait.

Personne ne quitte sa maison à moins
Que sa maison ne soit devenue la gueule d'un requin
Tu ne cours vers la frontière
Que lorsque toute la ville court également
Avec tes voisins qui courent plus vite que toi
Le garçon avec qui tu es allée à l'école
Qui t'a embrassée, éblouie, une fois derrière la vieille usine
Porte une arme plus grande que son corps
Tu pars de chez toi
Quand ta maison ne te permet plus de rester.   10
Tu ne quittes pas ta maison si ta maison ne te chasse pas
Du feu sous tes pieds
Du sang chaud dans ton ventre
C'est quelque chose que tu n'aurais jamais pensé faire
Jusqu'à ce que la lame ne soit
Sur ton cou
Et même alors tu portes encore l'hymne national
Dans ta voix
Quand tu déchires ton passeport dans les toilettes d'un
                                                        [aéroport
En sanglotant à chaque bouchée de papier   20
Pour bien comprendre que tu ne reviendras jamais en
                                                        [arrière
Il faut que tu comprennes
Que personne ne pousse ses enfants sur un bateau

Warsan SHIRE
(née en 1988)

Warsan Shire, née au Kenya de parents somaliens, émigre au Royaume-Uni alors qu'elle n'a qu'un an et que son pays, la Somalie, est en pleine guerre civile. Elle vit aujourd'hui à Los Angeles. En 2011, elle publie *Teaching My Mother How To Give Birth* et reçoit en 2013, le prix African Poetry.

À moins que l'eau ne soit plus sûre que la terre ferme
Personne ne se brûle le bout des doigts
Sous des trains
Entre des wagons
Personne ne passe des jours et des nuits dans l'estomac
[d'un camion
En se nourrissant de papier-journal à moins que les
[kilomètres parcourus
30 Soient plus qu'un voyage
Personne ne rampe sous un grillage
Personne ne veut être battu
Pris en pitié
Personne ne choisit les camps de réfugiés
Ou la prison
Parce que la prison est plus sûre
Qu'une ville en feu

Warsan Shire, « Home », trad. Jean-Baptiste Thomas, 2010
© site Révolution permanente.

1.

Résonance
Patrick CHAMOISEAU, « La Favorite », 2017

À la Maison de la poésie, à Paris, le 1ᵉʳ février 2017, dans le cadre de la soirée « Poétiques de Résistance : Itinerrance », Patrick Chamoiseau a lancé un vibrant appel de soutien envers les migrants, qui conclut son manifeste Frères migrants. *La déclaration est constituée de 16 articles, dont nous livrons ici deux extraits.*

10 – Les poètes déclarent qu'aucun refugié, chercheur d'asile, migrant sous une nécessité, éjecté volontaire, aucun déplacé poétique, ne saurait apparaître dans un lieu de ce monde sans qu'il n'ait non pas un visage mais tous les visages, non pas un cœur mais tous les cœurs, non pas une âme mais toutes les âmes. Qu'il relève dès lors de l'Histoire de toutes nos histoires, qu'il incarne dès lors l'histoire de nos histoires, et devient, par ce fait même, un symbole absolu de l'humaine dignité. […]

16 – Frères migrants, qui le monde vivez, qui le vivez bien avant nous, frères de nulle part, ô frères déchus, déshabillés, retenus et détenus partout, les poètes déclarent en votre nom que le vouloir commun contre les forces brutes se nourrira des infimes impulsions. Que l'effort est en chacun dans l'ordinaire du quotidien. Que le combat de chacun est le combat de tous. Que le bonheur de tous clignote dans l'effort et la grâce de chacun, jusqu'à nous dessiner un monde où ce qui verse et se déverse par-dessus les frontières se transforme là même, de part et d'autre des murs et de toutes les barrières, *en cent fois cent fois cent millions de lucioles !* – une seule pour maintenir l'espoir à la portée de tous, les autres pour garantir l'ampleur de cette beauté contre les forces contraires.

Patrick Chamoiseau, in « Déclaration des poètes », Frères migrants,
Institut du Tout-Monde, © Le Seuil, 2017.

Lire le corpus

1 · En quoi le contexte biographique, historique et politique des poètes de ce corpus peut-il expliquer l'écriture de ces poèmes ?

2 · À qui chacun de ces poèmes donne-t-il une voix, ou du moins qui rend-il visible ? Pour quelles raisons ?

3 · Contre quoi ces poèmes se soulèvent-ils ?

4 · Vous confronterez les choix des formes poétiques. En quoi ces choix vous semblent-ils intéressants ?

5 · Quelle est la place du poète dans ces différents textes ?

6 · Quel poème vous touche le plus ? Pour quelle raison ?

Et vous ?

Écriture d'invention

À quels opprimés aimeriez-vous offrir votre voix pour donner à entendre leurs silences ? Pourquoi? Quels silences feriez-vous entendre? Présentez votre réponse dans un plaidoyer visant à faire partager votre émotion.

Prolongements

Recherchez quelques chansons engagées qui donnent voix aux opprimés. Choisissez de faire partager à la classe celle qui vous touche le plus en justifiant votre choix.

Vers l'oral du bac

Comment pourrait-on faire pour rendre la poésie plus accessible à tous, pour donner à l'entendre au plus grand nombre ?

Victor Hugo, texte 18, p. 64

Retour au texte

1 · Relevez les expressions qui désignent l'araignée et celles qui désignent l'ortie.

2 · En nous parlant de l'ortie et de l'araignée, de qui le poème parle-t-il en même temps ?

3 · Quel est le sens de l'adjectif *superbe* dans la dernière strophe ?

Interprétations

Un monde dans l'ombre

4 · Dégagez les trois mouvements de ce poème et donnez-leur un titre.

5 · Relevez les adjectifs qualificatifs des strophes 2 à 6. En quoi ces choix vous paraissent-ils pertinents ?

6 · Quelle prise de conscience le poète cherche-t-il à éveiller chez son lecteur ?

7 · Quels sens différents peut prendre le mot *œuvre* (v. 9) ? Comment peut-on alors comprendre ce terme placé à la rime du vers 9 ? Qui peut alors être désigné par *l'araignée* et *l'ortie* ? Pourquoi ?

Le plaidoyer du poète

8 · Quel appel Hugo adresse-t-il aux hommes ? Qu'attend-il du lecteur ?

9 · En quoi peut-on dire que ce poème se rapproche d'une prière ?

10 · Pourquoi peut-on dire que ce poème a un sens politique ? Qu'invite-t-il à changer dans le monde et dans le rapport entre les hommes ?

Et vous ?

Lecture comparée

Lisez le poème de Victor Hugo intitulé « Le Crapaud », dans *La Légende des siècles* (1859). En quoi fait-il écho à ce poème ?

Vers l'écrit du bac

Vous rédigerez la conclusion d'un commentaire littéraire portant sur ce poème. Après avoir synthétisé le contenu du plan, vous rédigerez une ouverture dans laquelle vous réinvestirez le poème « Le Crapaud », évoqué dans « Et vous ? ».

Pause lecture 8

Pourquoi ne jamais prendre le parti des « vainqueurs » ?

Paul Eluard, texte 21, p. 70

Retour au texte

1 · De quoi parle le poème ?

2 · Effectuez une recherche sur « l'épuration » qui a accompagné la Libération en France après la Seconde Guerre mondiale. Quelles formes a-t-elle prises ?

Interprétations

Le regard d'un poète

3 · Comment la jeune femme est-elle nommée par le poète ? Relevez les expressions qui la désignent.

4 · Quel regard le poète porte-t-il sur elle ?

5 · Observez la métrique des vers 3 et 4. Qu'observez-vous ? Que fait ressortir ce choix poétique ?

6 · À quel autre moment du poème peut-on observer un phénomène métrique identique ? Quelle interprétation pouvez-vous en faire ?

7 · Quelle conception de ce qui est juste ce poème délivre-t-il ? Contre quoi s'élève t-il ?

La violence de la scène

8 · Comment la violence à l'égard de cette jeune femme est-elle rendue perceptible ?

9 · Par quelle figure de style cette violence est-elle renforcée au vers 13 ?

10 · Pourquoi le poète ne peut-il dire que « Comprenne qui voudra » ?

11 · Comment le poème rend-il à cette femme sa beauté et sa dignité ? Quel renversement est alors opéré ?

Et vous ?

Lecture comparée

Alors que les deux poèmes sont écrits dans des contextes politiques différents, quels liens pouvez-vous faire entre le poème d'Hugo et le poème d'Eluard quant au rôle de la poésie ?

Vers l'oral du bac

Jean Giraudoux affirme, dans une interview de 1935 : « un pacifiste est un homme toujours prêt à faire la guerre pour l'empêcher. » Dans quelle mesure cette citation peut-elle éclairer l'une des problématiques soulevées par le poème d'Eluard ?

Analyse d'images 3

Affiche d'Ernest Pignon-Ernest

Dossier central images en couleurs, p. III

Ernest Pignon-Ernest (né en 1942), affiche représentant Pier Paolo Pasolini et commémorant les 40 ans de la mort de l'artiste, Rome.

Du texte à l'image

1 · À partir de votre lecture des textes du corpus, justifiez le choix de cette œuvre d'art : en quoi entre-t-elle en résonance avec les poèmes lus ?

Interprétations

2 · Qui est Ernest Pignon-Ernest ?

3 · Expliquez la technique artistique utilisée ici.

4 · Qui le personnage de Pasolini tient-il dans ses bras ? Pourquoi ?

5 · Observez maintenant la pietà de Michel-Ange. Que constatez-vous ?

Quelle interprétation peut-on en déduire sur l'enjeu de l'œuvre d'art d'Ernest Pignon-Ernest ?

Michel-Ange (1475-1564), *Pietà*, statue en marbre, basilique Saint-Pierre, Rome, 1498.

6 · Comment expliquez-vous que cette œuvre ait été taguée ?

7 · Comment comprenez-vous le choix de l'artiste de s'exprimer sur les murs de la ville plutôt que sur des toiles qui seraient exposées dans les galeries et les musées ?

8 · Sur les murs de la ville, l'œuvre est ainsi à la merci des intempéries, il s'agit d'une œuvre éphémère. Quel sens peut-on donner à ce choix d'un art éphémère ?

V Le langage poétique comme insurrection

Le poète Octavio Paz, dans *L'Arc et la lyre*, publié en 1965, précise que « le poète transforme la matière première des mots. Dans la prose, le mot tend à s'identifier à l'une de ses significations, aux dépens des autres possibles. Jamais en revanche, le poète n'attente contre l'ambiguïté du vocable. Le poète rend à sa matière, la liberté. Le prosateur l'emprisonne. »

Le langage poétique se différencie donc de l'usage ordinaire, voire utilitaire, du langage. Le poète travaille les sons

« *Un langage comme un soulèvement.* » et le rythme, invente des formes, rend leur vie aux mots. En affranchissant le langage de son usage conventionnel et figé, l'écriture poétique libère la pensée. Tel est aussi le travail de certains rappeurs et slameurs d'aujourd'hui qui jouent sur les potentialités du lexique, qui s'autorisent jeux de mots, audaces de ton et de langage.

La poésie est donc un geste politique dans son rapport au langage et à la langue déchaînés. Dans ce cinquième corpus, nous pourrons parcourir des poèmes qui, dans l'énergie, la violence de leur écriture secouent la langue : ils sont du côté de l'audace, de la surprise, du scandale, du désordre, ils sont un soulèvement. C'est ainsi par eux et avec eux un pas en avant, vers plus de vérité, une manière d'être dans le réel là où la politique au sens institutionnel est souvent oubli ou manipulation du réel.

Graffiti de Miss.Tic (née en 1956).

Emily DICKINSON (1830-1886)

Très tôt, elle se consacre avec audace et force à l'écriture de la poésie, ne sortant plus, dans les dernières années de sa vie, de sa maison d'Amherst dans le Massachusetts. Elle n'en continue pas moins une abondante correspondance. L'essentiel de ses poèmes sera publié après sa mort. Son œuvre est reconnue aujourd'hui par le monde entier comme majeure. Pour Susan Howe, poète contemporain, elle est par excellence, par sa radicalité et son anticonformisme, cette « *nasty woman* » (femme détestable) que dénonce la politique du président Trump.

Ce poème a été écrit en 1861, environ six mois après le déclenchement de la guerre de Sécession. L'écriture d'Emily Dickinson y donne une singulière énergie au rythme des vers. Sa poésie se dégage de tout lyrisme personnel et de toute dimension autobiographique.

Je suis personne ! Qui êtes-vous ?
Êtes-vous – personne – aussi ?
Alors nous faisons la paire !
Silence ! on nous chasserait – vous savez !

Que c'est pénible – d'être – quelqu'un !
Que c'est commun – comme une grenouille
De dire son nom – tout au long de juin –
Au marais qui admire !

Emily Dickinson, « Emily Dickinson, 40 poèmes », in *Liberté*, trad. par Ch. Melançon, vol. 28, n° 2, avril 1986.

Chef de file de l'école romantique, Hugo revient ici sur la bataille qui a opposé les « Classiques » et les « Modernes »: il répond à un accusateur collectif, qui prône l'esthétique classique, et défend une conception révolutionnaire de la langue poétique.

VICTOR HUGO
(1802-1885)

→ Voir p. 51

Réponse à un acte d'accusation

Oui, je suis ce Danton ! je suis ce Robespierre !
J'ai, contre le mot noble à la longue rapière[1],
Insurgé le vocable[2] ignoble[3], son valet,
Et j'ai, sur Dangeau[4] mort, égorgé Richelet[5].
Oui, c'est vrai, ce sont là quelques-uns de mes crimes.
J'ai pris et démoli la bastille des rimes.
J'ai fait plus : j'ai brisé tous les carcans[6] de fer
Qui liaient le mot peuple, et tiré de l'enfer
Tous les vieux mots damnés, légions sépulcrales ;
J'ai de la périphrase écrasé les spirales,
Et mêlé, confondu, nivelé sous le ciel
L'alphabet, sombre tour qui naquit de Babel[7] ;
Et je n'ignorais pas que la main courroucée
Qui délivre le mot, délivre la pensée.

10

Victor Hugo, « Réponse à un acte d'accusation »,
v. 142 à 155, *Les Contemplations*, 1856.

1. L'épée.
2. Le mot.
3. Au sens propre, non noble.
4. Marquis qui a décrit la vie à la cour de Versailles.
5. Lexicographe français.
6. Au Moyen-âge, colliers de fer fixé à un poteau qui maintenaient par le cou les criminels condamnés à l'exposition publique.
7. Ville fondée, dans la Bible, par les descendants de Noé, qui tentent d'élever une tour atteignant le ciel. Dieu fait échouer le projet en introduisant la diversité des langues, empêchant ainsi les personnes de se comprendre. L'effondrement de la tour donne naissance à l'alphabet.

Dans l'extrait de cette lettre, Rimbaud fait du poète le « voleur de feu », l'éternel révolté qui ose se confronter à l'inconnu ; il définit ici la poésie comme toujours « en avant », en quête. Elle est insurrectionnelle et libératrice.

Arthur RIMBAUD
(1854-1891)

→ Voir p. 36.

Donc le poète est vraiment voleur de feu.

Il est chargé de l'humanité, des animaux même ; il devra faire sentir, palper, écouter ses inventions ; si ce qu'il rapporte de là-bas a forme, il donne forme : si c'est informe, il donne de l'informe. Trouver une langue ; – Du reste, toute parole étant idée, le temps d'un langage universel viendra ! Il faut être académicien, – plus mort qu'un fossile, – pour parfaire un dictionnaire, de quelque langue que ce soit. Des faibles se mettraient à penser sur la première lettre de l'alphabet, qui pourraient vite ruer dans la folie ! – Cette langue sera de l'âme pour l'âme, résumant tout, parfums, sons, couleurs, de la pensée accrochant la pensée et tirant. Le poète définirait la quantité d'inconnu s'éveillant en son temps dans l'âme universelle : il donnerait plus – que la formule de sa pensée, que la notation de sa marche au Progrès ! Énormité devenant norme, absorbée par tous, il serait vraiment un multiplicateur de progrès !

Cet avenir sera matérialiste, vous le voyez ; – Toujours pleins du Nombre et de l'Harmonie ces poèmes seront faits pour rester. – Au fond, ce serait encore un peu la Poésie grecque. L'art éternel aurait ses fonctions ; comme les poètes sont citoyens. La Poésie ne rythmera plus l'action, elle sera en avant.

– Ces poètes seront ! Quand sera brisé l'infini servage de la femme, quand elle vivra pour elle et par elle, l'homme, jusqu'ici abominable, – lui ayant donné son renvoi, elle sera poète, elle aussi ! La femme trouvera de l'inconnu ! Ses mondes d'idées différeront-ils des nôtres ? – Elle trouvera des choses étranges, insondables, repoussantes, délicieuses ; nous les prendrons, nous les comprendrons.

– En attendant, demandons aux poètes du nouveau, – idées et formes.

Arthur Rimbaud, *Lettre à Paul Demeny*, 15 mai 1871.

Vladimir MAÏAKOVSKI
(1893-1930)

Militant du parti bolchevik, Vladimir Maïakovski séjourne plusieurs fois dans les prisons du tsar Nicolas II. Après la révolution de 1917, il sillonne toute l'URSS pour tenir des meetings poétiques et politiques. Après la mort de Lénine en janvier 1924, Maïakovski sent ses rêves de jeunesse lui échapper au même rythme que progresse la stalinisation soviétique. Il se suicidera de désespoir en 1930.

Ce poème a valeur de manifeste poétique et politique : le poète, comme l'ouvrier, travaille.

Le poète c'est un ouvrier

On gueule au poète :
« On voudrait t'y voir, toi, devant un tour[1] !
C'est quoi, les vers ?
Du verbiage !
Mais question travail, des clous ! »
Peut-être bien
en tout cas
que le travail
est ce qu'il y a de plus proche
10 de notre activité.
Moi aussi je suis une fabrique.
Sans cheminée
peut-être
mais sans cheminée c'est plus dur.
Je sais, vous n'aimez pas les phrases creuses.
Débiter du chêne, ça, c'est du travail.
Mais nous
ne sommes-nous pas aussi des menuisiers ?
Nous façonnons le chêne de la tête humaine.
20 Bien sûr,
pêcher est chose respectable.
Jeter ses filets
et dans les filets, attraper un esturgeon !
D'autant plus respectable est le travail du poète
qui pêche non pas des poissons
mais des gens vivants.

1. Machine-outil.

Dans la chaleur des hauts-fourneaux
chauffer le métal incandescent
c'est un énorme travail !
Mais qui pourrait   30
nous traiter de fainéants ?
Avec la râpe de la langue, nous polissons les cerveaux.
Qui vaut le plus ?
Le poète
ou le technicien
qui mène les gens vers les biens matériels ?
Tous les deux.
Les cœurs sont comme des moteurs,
l'âme, un subtil moteur à explosion.
Nous sommes égaux,   40
camarades, dans la masse des travailleurs,
prolétaires du corps et de l'esprit.
Ensemble seulement
nous pourrons embellir l'univers,
le faire aller plus vite, grâce à nos marches.
Contre les tempêtes verbales bâtissons une digue.

Vladimir Maïakovski, *Écoutez si on allume les étoiles…*
© Le Temps des cerises, trad. S. Pirez, F. Combes, 2005.

George OPPEN
(1908-1984)

Poète américain, Oppen est engagé volontaire en 1942 au moment de l'entrée en guerre des États-Unis. Victime de la répression maccarthyste qui chassait les communistes, il s'exile au Mexique, où il publie plusieurs recueils dont *Of Being Numerous*, qui lui vaut le prix Pulitzer de la poésie en 1968.

Ce poème a été écrit durant le voyage de George Oppen et de sa femme Mary à Jérusalem en 1975. Au sein même du travail sur la langue, au fil d'images disparates, à la fois historiques, bibliques, personnelles, le poème, las de la « vanité politique » comme de la « vanité poétique », épouse le mouvement du monde, sa danse, comme possibilité de libération.

Désastres

des guerres ô vent
de l'ouest et tornade

de la politique je suis las de la vanité
des poètes   légistes

d'un monde

inavoué   *il est*   *triste d'avoir*
une ascendance

et d'être un étranger comment
pourrions-nous avoir une ascendance

10   étant devenus étrangers dans ce vent qui

se lève comme un don
dans le désordre   les tempêtes

de la vanité poétique si notre histoire doit prendre fin
sans avoir été dite de qui et

de quoi avons-nous hérité nous voulions savoir

si nous étions bons à quelque chose

ici-bas   le chant
tourne le vent a balayé le sable
et nous sommes seuls la mer se lève
dans le verset du soleil le rude   20

cristal de la plage les sables aux

confins éblouissant sous la proche et non moins
brutale empreinte des pas parcours
dans la lumière

le vent
le feu l'eau l'air *les cinq*

éléments lumineux
merveille

de l'évidence merveille
du caché cela fait-il du reste   30

la moindre différence danse
des ailes de la guêpe comme
des langues mères mais peuvent-elles

lourdes de tous leurs sens

danser ?   Ô

Ô je vois mon amour je la vois s'avancer

seule sur la glace je me

vois   Sarah   Sarah   je vois la tente
dans le désert de ma vie

40 s'amoindrit ma vie
est autre je le
vois dans le désert je le
regarde il est malhabile
et seul mon jeune
frère ma sœur
perdue sa voix

infime au sein du peuple les terribles
collines de sel que les armées

ont traversées et les cavernes
50 du peuple
caché.

George Oppen, *Primitif*, in *Poésie complète*, trad. Y. di Manno,
© José Corti, 2011.

Analyse d'image 4 « *Liberté* », de Fernand Léger

Dossier central images en couleurs, p. IV

Fernand Léger (1881-1955), illustration du poème « Liberté » de Paul Eluard, 1953, (crayon, huile sur toile, 0,31 x 1, 3 m), Paris, Musée National d'Art Moderne-Centre Georges Pompidou.

Fernand Léger est un ami de Paul Eluard, communiste comme lui. Léger souhaite que ses œuvres soient accessibles à tous, en particulier aux ouvriers.

Du texte à l'image

1 · Recherchez et lisez le poème « Liberté » d'Eluard. Qu'est-ce qui vous touche à la lecture de ce poème ?

2 · Comment ce poème d'Eluard a-t-il été diffusé ?

Interprétations

3 · De quoi rêve le poète Eluard ici représenté ?

4 · En quoi le dessin du portrait d'Eluard peut-il surprendre ?

5 · Où se situe selon vous l'apostrophe du « j » ? Quel jeu observez-vous ?

6 · Où le verbe *écrire* conjugué est-il inscrit ? Pourquoi ?

7 · Où les couleurs se situent-elles par rapport aux lignes du portrait ? Est-ce que cela correspond à un usage ordinaire ? Commentez le choix de ces couleurs.

8 · Observez le dernier mot : *nom*. Que remarquez-vous ?

9 · En quoi peut-on rapprocher cette illustration d'une affiche?

Et vous ?

Entraînement au sujet d'invention
À votre tour, vous réaliserez un poème-objet, libéré de toute contrainte d'écriture, sur une seule page, qui affiche un texte en faveur de la liberté.

Lire le corpus

1 · Ces poèmes vous surprennent-ils ?
Pourquoi ?

2 · Quels éléments vous semblent les plus
significatifs de leur audace et de leur
liberté ? Soyez particulièrement attentifs
à la ponctuation, à la typographie et aux
formes choisies.

3 · En quoi et comment les poèmes du corpus
libèrent-ils les significations multiples des
mots ? Prenez appui sur des exemples
précis.

4 · À qui les poètes de ce corpus se
comparent-ils ? Quels rôles attribuent-ils
à la poésie ?

5 · En quoi peut-on dire que les poèmes de ce
corpus illustrent la phrase de Rimbaud :
« le poète est chargé de l'humanité »
(p. 86) ?

Recherche

Ahmad Joudeh dansant dans les ruines de Palmyre.

Faites une recherche pour mieux comprendre
le combat de ce danseur syrien engagé contre
l'État islamique. En quoi cette référence vous
semble-t-elle prolonger le corpus proposé ?

Arthur Rimbaud, texte 26, p. 86

Retour au texte

1 · À quelle figure mythologique Rimbaud assimile-t-il le poète « voleur de feu » ? Résumez-en l'histoire.

Interprétations

Le poète « voleur de feu »

2 · À qui s'adresse ce texte ? Pourquoi ?

3 · Pourquoi Rimbaud écrit-il cette lettre ?

4 · Le poète est « voleur de feu ». En quoi le feu est-il un élément ambivalent ? À quoi peut-il servir ?

5 · Rimbaud précise que le poète « est chargé de l'humanité, des animaux même » (l. 2). Comment le poète se définit-il alors ?

6 · Quelle est la tonalité de la ligne 5 ? Comment l'expliquez-vous ?

7 · La tâche du poète est-elle d'ordonner ou de donner ? Est-elle de créer ou d'animer ? Justifiez votre réponse.

« Trouver une langue »

8 · « Trouver une langue ». *Trouver* vient du latin populaire *tropare* qui signifie « composer, inventer un air ». Les mots « trouvères » et « troubadours » viennent de cette racine. La définition de « troubadour » vous semble-t-elle convenir à Rimbaud ?

9 · Relevez les citations qui illustrent le souhait d'un langage synesthésique, c'est-à-dire d'un langage qui mêle les sens.

10 · À quel temps les verbes sont-ils majoritairement conjugués à la fin du passage ? Pourquoi ?

11 · En quoi peut-on considérer cette lettre comme un art poétique ? et comme une proposition politique ?

Vers l'écrit du bac

Prometheus signifie en grec « celui qui pense avant ». En quoi ce personnage mythologique vous paraît-il bien choisi pour désigner le poète ?

Retour au texte

1 · Sous quel régime politique la Russie vit-elle en 1918 ?

2 · Quels reproches les ouvriers adressent-ils aux poètes ? Sur quel ton ? En quoi le contexte politique peut-il expliquer ce ton ?

Interprétations

Un poème révolutionnaire

3 · De quoi parle ce poème, selon vous ?

4 · En quoi peut-on dire que le poème s'ouvre de manière révolutionnaire ?

5 · En quoi l'écriture poétique l'est-elle également, selon vous ?

6 · Quelle définition du langage poétique ce poème propose-t-il ? Appuyez-vous sur des citations précises.

7 · Ce poème n'est pas dénué d'humour. Relisez les cinq premiers vers. En quoi peut-on dire que l'ouvrier joue avec les mots, comme le poète ?

Vladimir Maïakovski, texte 27, p. 88

Un discours politique

8 · Par quelles stratégies le poète parvient-il à capter l'attention de son auditoire ? Commentez plus précisément les vers 13, 17 et 31.

9 · Quelles métaphores le poète emploie-t-il pour se définir en tant que poète ?

10 · Qui est respectivement *on* aux vers 1 et 2, *je* (v. 11), *nous* au vers 17 et *nous* au vers 40 ? Commentez cette variation et cette progression des indices d'énonciation.

11 · Si vous deviez choisir trois vers consécutifs pour rendre compte du message politique de Maïakovski, lesquels choisiriez-vous ? Pourquoi ?

12 · Maïakovski était un orateur. En quoi la fin du poème concilie-t-elle force poétique et action politique ?

Vers l'oral du bac

En quoi peut-on dire que le poète se place poétiquement et politiquement aux côtés du peuple ?

Fernand Léger (1881-1955), illustration du poème « Liberté » de Paul Eluard, 1953, (crayon, huile sur toile, 0,31 x 1, 3 m), Paris, Musée National d'Art Moderne-Centre Georges Pompidou.

Fernand Léger est un ami de Paul Eluard, communiste comme lui. Léger souhaite que ses œuvres soient accessibles à tous, en particulier aux ouvriers.

Du texte à l'image

1 · Recherchez et lisez le poème « Liberté » d'Eluard. Qu'est-ce qui vous touche à la lecture de ce poème ?

2 · Comment ce poème d'Eluard a-t-il été diffusé ?

Interprétations

3 · De quoi rêve le poète Eluard ici représenté ?

4 · En quoi le dessin du portrait d'Eluard peut-il surprendre ?

5 · Où se situe selon vous l'apostrophe du « j » ? Quel jeu observez-vous ?

6 · Où le verbe *écrire* conjugué est-il inscrit ? Pourquoi ?

7 · Où les couleurs se situent-elles par rapport aux lignes du portrait ? Est-ce que cela correspond à un usage ordinaire ? Commentez le choix de ces couleurs.

8 · Observez le dernier mot : *nom*. Que remarquez-vous ?

9 · En quoi peut-on rapprocher cette illustration d'une affiche?

Et vous ?

Entraînement au sujet d'invention

À votre tour, vous réaliserez un poème-objet, libéré de toute contrainte d'écriture, sur une seule page, qui affiche un texte en faveur de la liberté.

VI Quand le poète habite son époque

La *polis*, la cité, est une communauté dont l'unité est assurée et consolidée par des mythes fondateurs, par des rites et par des lois intégrées et partagées. La poésie, ce travail sur le langage par lequel se découvre et se dit le monde, est aussi un lieu où se réinventent les liens entre les hommes : elle devient proposition politique qui invite à penser la possibilité d'une communauté humaine. Il s'agit, en somme, de comprendre comment habiter le monde (texte 30). Et la réponse poétique qui est cherchée est en même temps une réponse politique. Même quand il semble interroger le rapport au passé légendaire (texte 33), c'est bien d'abord l'époque, le réel et le présent que le poème tente de regarder avec angoisse et lucidité (textes 31 et 32) pour en dire la vérité, ouvrir une brèche (texte 34).

« La poésie, une invitation à mieux comprendre le monde. »

Sans doute y va-t-il aujourd'hui des enjeux même de la démocratie : par et avec la poésie, « aller au lavoir » (texte 35), c'est-à-dire nettoyer la parole, la décrasser des stéréotypes et la faire circuler entre ceux qui sont là.

« La *démocratie* au lavoir (en tant qu'une des formes simples de la *démocratie* réelle) [...] concerne notre vivre ensemble, le possible "se parler", une certaine forme d'entente [...] où retrouver la respiration, le goût et la capacité d'agir. » (J.-M. Gleize, *Toi aussi tu as des armes*, 2011)

René CHAR
(1907-1988)

→ Voir p. 57

« Le pays » du poème n'est pas une patrie, c'est une proposition pour habiter le monde dans une confiance retrouvée, pour vivre parmi les hommes, sans calcul, ni volonté de dominer.

Qu'il vive !

Ce pays n'est qu'un vœu de l'esprit, un contre-sépulcre.

Dans mon pays, les tendres preuves du printemps et les oiseaux mal habillés sont préférés aux buts lointains.

La vérité attend l'aurore à côté d'une bougie. Le verre de fenêtre est négligé. Qu'importe à l'attentif.

Dans mon pays, on ne questionne pas un homme ému.

Il n'y a pas d'ombre maligne sur la barque chavirée.

Bonjour à peine, est inconnu dans mon pays.

On n'emprunte que ce qui peut se rendre augmenté.

10 Il y a des feuilles, beaucoup de feuilles sur les arbres de mon pays. Les branches sont libres de n'avoir pas de fruits.

On ne croit pas à la bonne foi du vainqueur.

Dans mon pays, on remercie.

René Char, *Les Matinaux*, © Poésie/Gallimard, 1968.

Anna AKHMATOVA, *Requiem, poèmes sans héros et autres poèmes*, 1942

À l'heure des désastres de l'Histoire, le poème se fait sursaut : dans la langue partagée, résiste encore une possibilité de communauté qui sauve du désespoir.

Courage

Nous savons ce qui maintenant est en balance
Et ce qui maintenant s'accomplit.
Nos horloges sonnent l'heure du courage,
Et le courage ne nous abandonnera pas.
Il n'est pas terrible de tomber sous les balles,
Il n'est pas amer de rester sans toit,
Et nous te garderons, langue russe,
Immense parole russe.
Nous te porterons libre et pure,
Nous te transmettrons à nos descendants,
Et nous te sauverons de la captivité,
À jamais.

Anna Akhmatova, *Requiem, poèmes sans héros et autres poèmes*,
trad. J.-L. Backès, © Poésie/Gallimard, 2007.

Anna AKHMATOVA (1889-1966)

Très jeune, elle participe au mouvement de refondation de la poésie russe, choisissant une langue simple, concise. Après la révolution soviétique, elle refuse de soumettre la poésie à la politique et d'en faire un instrument social. Elle ne quittera pas l'URSS, mais sera interdite de publication pendant plus de 30 ans, jusqu'à la mort de Staline.

Ce poème est une adresse à son époque. Il tente d'établir avec lucidité, mais non sans douleur, le rapport du poète à son temps, un temps à « l'échine brisée » entre le XIXᵉ et le XXᵉ siècle, entre une vie singulière et une histoire collective.

Ossip MANDELSTAM
(1891-1938)

Poète majeur du XXᵉ siècle, Mandelstam refuse de plier sa poésie aux mots d'ordre du régime soviétique. Son poème contre Staline lui vaut trois ans d'exil. En 1938, il est arrêté, condamné et envoyé dans un goulag en Sibérie : il meurt de faim, de froid et des violences subies pendant le voyage.

Siècle mien, bête mienne, qui saura
Plonger les yeux dans tes prunelles
Et coller de son sang
Les vertèbres de deux époques ?
Le sang-bâtisseur à flots
Dégorge des choses terrestres.
Le vertébreur frémit à peine
Au seuil des jours nouveaux.

Tant qu'elle vit la créature
10 Doit s'échiner jusqu'au bout
Et la vague joue
De l'invisible vertébration.
Comme le tendre cartilage d'un enfant
Est le siècle dernier-né de la terre.
En sacrifice une fois encore, comme l'agneau,
Est offert le sinciput¹ de la vie.

Pour arracher le siècle à sa prison.
Pour commencer un monde nouveau,
Les genoux des jours noueux
20 Il faut que la flûte les unisse.
C'est le siècle sinon qui agite la vague
Selon la tristesse humaine,

1. La tête, le crâne.

Et dans l'herbe respire la vipère
Au rythme d'or du siècle.

Une fois encore les bourgeons vont gonfler
La pousse verte va jaillir,
Mais ta vertèbre est brisée,
Mon pauvre et beau siècle !
Et avec un sourire insensé
Tu regardes en arrière, cruel et faible,   30
Comme agile autrefois une bête
Les traces de ses propres pas.

Ossip Mandelstam, « Le Siècle », in *Le Siècle* d'A. Badiou,
trad. C. Winter et A. Badiou, © Le Seuil, 2005.

*Kaya-Magan est le titre que portaient les souverains du légen-
daire empire du Mali.*

*C'est à cet empereur que le poème laisse la parole. Ni célébra-
tion d'un pouvoir personnel ni vœu d'un retour au passé, le
texte ouvre la voie d'une nouvelle Afrique, à venir, enfin récon-
ciliée avec elle-même.*

Le Kaya-Magan

KAYA-MAGAN je suis ! la personne première
Roi de la nuit noire de la nuit d'argent, roi de la nuit de
[verre.
Paissez[1] mes antilopes à l'abri des lions, distants au charme
[de ma voix.
Le ravissement de vous émaillant les plaines du silence
Vous voici quotidiennement mes fleurs mes étoiles, vous
[voici à la joie de mon festin.
Donc paissez mes mamelles d'abondance, et je ne mange
[pas qui suis source de joie
Paissez mes seins forts d'homme, l'herbe de lait qui luit
[sur ma poitrine.

Que l'on allume chaque soir douze mille étoiles sur la
[Grand-Place
Que l'on chauffe douze mille écuelles[2] cerclées du serpent
[de la mer pour mes sujets
Très pieux, pour les faons de mon flanc, les résidents de
[ma maison et leurs clients
Les Guélowars des neuf tatas et les villages des brousses
[barbares

**Léopold Sédar
SENGHOR (1906-2001)**

Léopold Sédar Senghor
fonde dans les années 1930
à Paris, avec Aimé Césaire et
Léon Damas, le mouvement
poétique de la négritude. Au
terme de la décolonisation,
il devient en 1960 le premier président de la République du Sénégal.

1. Du verbe *paître*.
2. Nombre des convertis
de chaque tribu d'Israël
dans l'Apocalypse, 7, 4 à
8, réunissant, des quatre
horizons, toutes les races.

10

Pour tous ceux-là qui sont entrés par les quatre portes
[sculptées – la marche
Solennelle de mes peuples patients ! leurs pas se perdent
[dans les sables de l'Histoire
Pour les blancs du Septentrion, les nègres du Midi d'un
[bleu si doux.
Mangez et dormez enfants de ma sève, et vivez votre vie
[des grandes profondeurs
et paix sur vous qui déclinez. Vous respirez par mes narines.

Je dis Kaya-MAGAN je suis ! Roi de la lune, j'unis la nuit
Et le jour
Je suis Prince du Nord du Sud, du Soleil-levant Prince et
du soleil-couchant

Léopold Sédar Senghor, « Le Kaya-Magan », *Éthiopiques*, in
Œuvres poétiques, © Le Seuil, 1956.

Man Ray (1890-1976), *Noire et blanche*, photographie, 1926.

« Des poèmes pour reprendre souffle et tenir parole / Des poèmes pour ouvrir un espace aimanté, irriguer le réel dans une époque vouée à l'hypnose », ainsi Zéno Bianu définit-il l'écriture de son recueil.

Zéno BIANU
(né en 1950)

Son écriture poétique est nourrie de son intérêt pour l'Orient, mais aussi de son amour du jazz.
La poésie est une façon pour lui de « [s'] accorder à [sa] ligne de plus haute tension » et se veut accueil de tout ce qui est. Il est aussi l'auteur de pièces de théâtre, notamment *L'Idiot, dernière nuit*, jouée au festival d'Avignon.

L'inépuisable
À Jacques Lacarrière, i.m

Voyez
écoutez
ce que dit le trapéziste
aux yeux fermés
il faut calciner ses limites
accueillir le crépuscule
et s'y volatiliser
danser jusqu'au bout
pour remplir l'univers
d'un dernier souffle

Voyez
écoutez
plus loin
que le poids de notre naufrage
saluez
celui qui n'a cessé
de tendre son fil d'Ariane
en pointillés d'infini
de semer à la volée
les éclats
d'une confiance illimitée

10

20

Voyez
écoutez
Icare aux bras cassés
n'en finit pas
de voler
il écrit dans le ciel
à haute voix
que nous sommes les vrais dieux
les seules étoiles   30
sous la voûte du cirque

Voyez
écoutez
le danseur du vide
son sourire est un talisman
il dit
la lumière est ma sœur jumelle
j'ai l'impression d'être au bout du ciel
j'entends la fugue des siècles
tout disparaît   40
tout apparaît

Zéno Bianu, *Le désespoir n'existe pas*, strophes 4 à 7,
© Gallimard, 2010.

À partir de la figure de M. (initiale de Marcos, sous-commandant de l'armée zappatiste de libération nationale au Mexique, qui lutta aux côté des Indiens du Chiapas), le poème ouvre un dialogue, une rêverie et une réflexion sur ce que peut être une politique inséparable d'une poétique : c'est à la fois affaire d'une parole qui lutte contre la parole autoritaire (et d'abord l'autorité de sa propre parole) et volonté de travailler dans le réel et pour le réel. Il s'agit ici d'un extrait.

Dominique FOURCADE
(né en 1938)

Dominique Fourcade écrit de la poésie depuis 1961, et depuis 1983 (*Le ciel pas d'angle*), ses livres de poèmes sont édités chez P.O.L. Il a également beaucoup travaillé sur Matisse, Simon Hantaï ou David Smith, entre autres.

Le passe-montagne

effectivement il en faut un pour passer la montagne,

c'est la première remarque, et, tant qu'à faire, en même temps passer la tristesse, et, en dépit du désespoir, apporter pas le dogme la tendresse, apporter à la fièvre le doute et la fièvre,

et que dire, vêtu comme ça,
dire vous savez la terre est un astre, et les cicatrices que vous observez à la surface sont des traces d'anciens geysers de neige fondue,

10 d'ailleurs ne rien dire aux autres, ainsi vêtu, dont on n'ait d'abord fait la découverte en se parlant seul devant un miroir, première épreuve du vide, et que l'on ne se soit appliqué avant d'aborder les autres, pour voir si ça tue,

par exemple quand on suggère d'aller le plus souvent possible au lavoir, et là de laver le linge, et pendant ce temps-là de parler ensemble et convenir de l'action à entreprendre pour la journée, cela n'est fondé que si l'on est déjà soi-même allé au lavoir, immémorialement pour ainsi dire, laver son passemontagne, en s'y engageant de tout son être,   20

c'est exactement deux choses à la fois, un passe-montagne, c'est un devoir de parole et une possibilité de parole, en plus de la nécessité de laver la parole,

les bien intentionnés tournent en dérision, parlent d'accoutrement, disent « voyez comme il est affublé », c'est pire que les ennemis, je laisse dire, je sais qu'en passemontagne on éprouve un infime dépaysement, un détachement (à peine), on décolle, certes très peu, mais le phénomène est suffisant pour l'arrachement, voir entendre et dire un peu moins mal,   30

propice à l'écriture, si l'on y songe,

il faut savoir qu'on est tout le temps en sa compagnie,

enfant, il y avait quand même un problème, quand on avait mis son passe-montagne (qu'on ait une montagne à passer ou non) on commençait par ne plus vouloir l'enlever, et on finissait par ne plus pouvoir, même pour la toilette ou dormir, on l'aimait trop ou il vous collait à la peau (par un étrange phénomène de gel qui n'avait rien à voir avec la température) ou les deux,

40 autrui aimerait bien connaître votre nez, vos bouche et menton, mais s'assure de vos yeux, c'est déjà pas mal, en vue d'un amour, et moi je me contente de ce qu'on me donne,

ne dites pas « attirail », ça n'a rien à voir, ça ne fait pas partie d'un ensemble – ce n'est pas non plus une cagoule, ni une voilette de veuf, distinguez bien,

jamais vu Degas en porter (mais il en est d'invisibles, toute une gamme, nous y reviendrons), simplement, à la fin de sa vie, il montrait son visage tuméfié d'être passé
50 dans d'inimaginables chambres de pastel, avec rouges garance atix arcades sourcillières, dans les narines, sur la bouche, sur l'oreille gauche, puis-je dire que j'ai vu Degas en passe-pastel ?

je ne suis pas allé au Chiapas, n'ai jamais rencontré Marcos, mais j'en sais assez et assez peu sur lui pour ne cesser d'entretenir en pensée un dialogue que rien n'entrave – rien, mais on peut aussi bien dire que tout l'entrave – dialogue dont la seule nécessité est ma liberté d'écrivain, dont la seule mesure est mon absence de liberté d'écrivain
60 et dont, questions, réponses, impuretés et déformations comprises, j'ai seul la responsabilité,

à quoi rêve-t-il ? à une séance de surf sur la côte Pacifique, à l'aube, moment de la houle idoine, avec des vagues bien lisses, profitant du swell[1] ? à cette heure de rêve, M. doit se demander si c'est bien raisonnable, toute cette politique

1. Grosse vague propice
à la pratique du surf.

dans la montagne et dans les vallées, mais aussitôt il se
reprend, se dit qu'une poétique est obligatoire ici, et la
poétique le ramène au politique,

à quoi rêve-t-il à l'aube, s'il en a la force, gardé le
passemontagne sur les tuméfactions ? à des rêves 70
d'écrivain ? au moment où le fil passe dans le chas de
l'aiguille, suspens majeur, le mot est encore immobile,
moment de politique, moment de chirurgie ?

moi, en politique, je chante une berceuse pygmée (mais je
    ne suis pas en érection permanente),
une berceuse qui ne fait que poser des questions, en sorte
    que j'ai peur que les miens, excédés, me tuent avant
    même d'affronter les autres (auxquels j'appartiens
    également),
et lui ? 80

pour la parole publique, après beaucoup d'essais Marcos
a adopté la parole privée, encore la meilleure façon d'at-
teindre les siens le monde – parfois, lui-même est atteint
par la voix privée qu'il a inventée, il devient alors extrê-
mement vulnérable et ce sont ces moments que l'ennemi
guette,

et ici ? quand il m'interroge, je ne trouve à répondre
que : ici c'est la cruauté habituelle, le même extermine
le même et la Bosnie, au moment où j'écris ces lignes, est
mille fois pire que le Chiapas, vos suggestions seraient les 90
bienvenues,

en somme, il vise à ce que la parole publique soit aussi proche que possible de la parole amoureuse, très rarement, non, je ne rêve pas, elles s'identifient, on a ainsi quelques secondes invincibles par vie,

au Chiapas, j'imagine que la pensée de M. consiste en un prodigieux effort de mémoire pour ne pas s'approprier le présent, les êtres, les choses, fuir les dictats - tout le reste est paysage humain normal, discours guevariste et abus d'autorité, pluies, tôles, boue, bruit de la pluie sur la tôle
100 – surtout ne pas utiliser un portable pour appeler mon amour car ils après repérage me donneraient la mort,

n'empêche que j'ai toujours trouvé Marcos légèrement overdressed, en même temps qu'adorablement survêtu,

comme il est curieux qu'un écrivain ne prononce jamais le mot « révolution », et pour le vrai travail il s'isole complètement de peur d'effaroucher les révolutionnaires – que fait M., dans ce contexte qu'il n'est pas sans connaître ?

l'accent est mis sur les dispositions à prendre en vue d'un autre monde ici et maintenant – on improvise en douceur,
110 c'est ça ? – l'accent n'est pas mis sur la guerre, je pense que la voix de M. est incapable d'en prendre le ton et je trouve cela remarquable – la guerre (s'il le faut) sans le ton de la guerre, c'est unique, c'est très beau, […]

Dominique Fourcade, *Le sujet monotype* © POL, 1997, p. 81-86.

Le sous-commandant Marcos, à la Realidad, photographie d'Hélène Bamberger, 1997.

Lire le corpus

1 · Les poètes du corpus vous semblent-il regarder davantage le passé, le présent ou le futur ?

2 · Quels sentiments les poètes éprouvent-ils selon vous dans le présent, dans le réel ?

3 · En quoi peut-on dire que les poètes du corpus incarnent et chantent les principes de Vie et de mouvement nécessaires à la danse du monde?

4 · Quelles fonctions les poètes du corpus attribuent-ils à la poésie en particulier et à l'art en général ?

5 · Quelles images sont utilisées par les poètes pour évoquer l'union à retrouver, la communauté à réinventer ?

6 · Quelle politique les poèmes du corpus proposent-ils ? En quoi sont-ils politiques ?

Prolongements

Dans le film *Le Facteur*, Pablo Neruda est exilé sur une petite île du sud de l'Italie. Mario, facteur pauvre, lui livrera son courrier tous les jours. Une amitié se lie entre les deux hommes et Neruda initie le facteur à la poésie. En quoi ce film illustre-t-il ce que la poésie peut apporter de beauté au monde qui nous entoure ?

Photographie du film *Le Facteur* de Michael Radford, 1994, avec Ph. Noiret et M. Troisi.

Pause lecture 11 Comment rassembler ?

Léopold Sédar Senghor, texte 33, p. 104

Retour au texte

1 · Quelles sont les qualités de ce roi ?

2 · Faites une recherche sur le sens étymologique du mot *charme* qui apparaît au vers 3 dans l'expression « le charme de ma voix ».

Interprétations

Un roi protecteur et nourricier

3 · Relevez les expressions et les métaphores par lesquelles Kaya-Magan désigne ses sujets. En quoi peut-on y lire un désir de protection de la part du roi ?

4 · Relevez et commentez les allusions à la nourriture.

Pour une politique de rassemblement, de paix et de métissage

5 · Quelles antithèses structurent le poème ? En quoi la figure de l'antithèse est-elle porteuse de sens ?

6 · Comment le rassemblement des cultures diverses est-il donné à lire ?

La puissance du Verbe

7 · Commentez l'emploi et le sens des verbes *dire* et *être*.

8 · Quelles sont les valeurs de l'impératif dans ce poème ? Quel autre temps joue le même rôle ?

9 · Senghor choisit une écriture en versets, comme dans la bible. Pourquoi, selon vous ?

Et vous ?

Vers la question sur corpus

Le 28 août 1963, le pasteur et militant américain Martin Luther King a prononcé devant le Lincoln Memorial, à Washington, D.C. un discours resté célèbre sous le nom « *I have a dream* », durant la Marche sur Washington pour l'emploi et la liberté. Relisez ce discours. Dans quelle mesure peut-on rapprocher ces deux textes ?

Vers l'oral du bac

Pensez-vous que les fonctions de poète et d'homme politique soient incompatibles ?

Zéno Bianu, texte 34, p. 106

Retour au texte

1 • Qui est Icare ?

2 • Qu'est-ce que le fil d'Ariane ? À qui a-t-il servi ?

Interprétations

Une poétique de l'infini et de l'émerveillement

3 • « Il faut calciner ses limites » (v. 5) : expliquez cette métaphore.

4 • Retrouvez dans le poème d'autres expressions soulignant la même idée.

5 • Qu'ont en commun *le trapéziste* (v. 3), *Icare* (v. 24) et *le danseur du vide* (v. 34) ? Quelles leçons offrent-ils aux lecteurs ?

6 • En quoi les deux derniers vers vous paraissent-ils condenser la vision du monde du poète ?

7 • Justifiez le titre du poème.

Un souffle de vie

8 • Quelles réponses la poésie de Bianu propose-t-elle aux limites de l'humain ?

9 • En quoi peut-on parler de polyphonie dans ce poème ? Les marques typographiques sont-elles présentes ? Quels sont les effets produits ?

10 • Comment la vitalité du souffle poétique se lit-elle dans le poème ?

Vers l'oral du bac

Rajoutez une strophe à ce poème sur le modèle de celles de Zéno Bianu.

Ossip Mandelstam, texte 32, p. 102

Interprétations

Radiographie du siècle

1 · Relevez les différentes expressions qui constituent le siècle, c'est-à-dire l'époque, comme un corps.

2 · En quoi s'agit-il d'un corps brisé, meurtri, disloqué ? Appuyez-vous sur le texte pour répondre.

3 · Analysez les images du poème. En quoi disent-elles à la fois la cruauté, la souffrance et la fragilité de l'époque ?

4 · L'image de l'agneau sacrifié (v. 15) est une image religieuse. Effectuez des recherches et expliquez-la. Quelle conclusion en tirez-vous sur « le siècle » ?

5 · À la lecture du poème, diriez-vous que le poète écrit contre son époque ? Soyez particulièrement attentif aux vers 14 et 28.

Écrire face à son époque

6 · Expliquez le sens de la question qui ouvre le poème (v. 1 à 4).

7 · Quelle est la situation du poète dans son époque ?

8 · Expliquez le sens du mot vertébreur (v. 7). Le poème, l'écriture poétique peuvent-ils jouer ce rôle ? Justifiez votre réponse en vous appuyant sur le texte.

9 · À quoi renvoie, selon vous, la flûte (v. 20) ? Quel espoir le poème semble-t-il placer dans cette flûte ?

10 · Analysez la dernière strophe : peut-on dire que le poème se clonclut dans la confiance dans le présent et l'avenir ?

Et vous ?

Dans son ouvrage *Qu'est-ce que le contemporain ?* (2008), sur une analyse du poème de Mandelstam, Giorgio Agambem écrit : « le contemporain est celui qui perçoit l'obscurité de son temps comme une affaire qui le regarde et n'a de cesse de l'interpeller, quelque chose qui, plus que toute lumière, est directement et singulièrement tourné vers lui. » En quoi peut-on dire que Mandelstam porte un regard contemporain sur son époque ?

Vers l'oral du bac

Quels rapports le texte établit-il entre une histoire collective, une époque et la voix singulière du poète ?

« *Je n'écrirai pas de poème d'acquiescement.* »

René Char

Relire...
Poésie et politique

Anthologie

sommaire

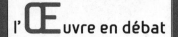
Vous répondrez de façon nuancée à cette question en prenant appui sur les textes de l'anthologie et sur les textes théoriques suivants.

Texte 1 • Franck Laurent,
Préface aux *Écrits politiques de Victor Hugo*, 2011

Cette légitimation politique des écrivains par leur pratique littéraire était très ambivalente, plus ou moins âprement discutée, et s'avéra éminemment fragile. Les gens sérieux, à droite comme à gauche (un peu plus souvent à droite qu'à gauche), furent toujours au fond prodigieusement agacés par la prétention de ces « poètes » à entrer en politique, à s'occuper de ces affaires publiques qu'ils jugeaient être les leurs. À la première opposition un peu vive, au premier échec, on jetait leur littérature à la face de ces écrivains comme la pire des injures, comme la tare qui prouvait bien leur incapacité. « Assez de lyre ! » cria un ouvrier blanquiste[1] à Lamartine peu avant les journées de juin 1848 – expression que toute la droite conservatrice reprit bientôt avec un frémissement d'aise. « Portez cela à la Porte Saint Martin[2] ! » lançait-on régulièrement à Hugo depuis les bancs de la droite lors de ses interventions à l'Assemblée en 1850 et 1851. On ne criait pas « Assez de plaidoiries ! » aux avocats qui constituaient, pour longtemps encore, l'essentiel du personnel politique. On ne cria pas à Guizot : « Assez d'histoire ! » quand on le chassa en 1848 de son ministère.

© Le Livre de poche, 2011.

1. Le blanquisme est un courant politique qui tire son nom d'Auguste Blanqui, socialiste français du XIXe siècle.
2. Théâtre de la porte Saint-Martin. Au XIXe siècle, on y jouait des pièces à grand spectacle, des comédies, des mélodrames. Les drames romantiques d'Hugo y étaient représentés.

Texte 2 • Benjamin Péret, *Le Déshonneur des poètes*, 1945

La poésie de la Résistance connaît son apogée, lorsque le 14 juillet 1943, les Éditions de Minuit clandestines publient un recueil intitulé L'Honneur des poètes *rassemblant vingt-deux poètes (dont Aragon et Eluard) sous différents pseudonymes. Si le patriotisme exacerbé de certains de ces poèmes dérange, c'est surtout la mise au pas de la parole poétique par la politique que dénonce Benjamin Péret dans ce pamphlet, paru en février 1945. Il tente alors de redéfinir le rôle du poète en ces « temps de détresse »[1].*

Il sera donc révolutionnaire, mais non de ceux qui s'opposent au tyran d'aujourd'hui, néfaste à leurs yeux parce qu'il dessert leurs intérêts, pour vanter l'excellence de l'oppresseur de demain dont ils se sont déjà constitués les serviteurs. Non, le poète lutte contre toute oppression : celle de l'homme par l'homme d'abord et l'oppression de sa pensée par les dogmes religieux, philosophiques ou sociaux. […] Je ne veux pour exemple de ce qui précède qu'une petite brochure parue récemment à Rio de Janeiro : *L'Honneur des poètes*, qui comporte un choix de poèmes publiés clandestinement à Paris pendant l'occupation nazie. Pas un de ces « poèmes » ne dépasse le niveau lyrique de la publicité pharmaceutique et ce n'est pas un hasard si leurs auteurs ont cru devoir, en leur immense majorité, revenir à la rime et à l'alexandrin classiques. La forme et le contenu gardent nécessairement entre eux un rapport des plus étroits et, dans ces « vers », réagissent l'un sur l'autre dans une course éperdue à la pire réaction. Il est en effet significatif que la plupart de ces textes associent étroitement le christianisme et le nationalisme comme s'ils voulaient démontrer que dogme religieux et dogme nationaliste ont une commune origine et une fonction sociale identique. Le titre même de la brochure, *L'Honneur des poètes*, considéré en regard de son contenu, prend un sens étranger à toute poésie. En définitive, l'honneur de ces « poètes » consiste à cesser d'être des poètes pour devenir des agents de publicité.

© Mille et une nuits, 1996.

1. Référence au poème d'Hölderlin, poète romantique allemand, « À quoi bon des poètes en temps de détresse ».

Texte 3 • Jean-Claude Bailly, « L'action solitaire du poème », 2011

La question, d'ailleurs, ne serait pas que le poème se mêle de ceci ou de cela ou qu'il entre, comme on dit, en politique, c'est qu'il ne soit pas forcément coupé, comme par un décret qui assurerait sa sauvegarde, de ce qui vient avec cette rumeur, de ce qu'elle porte en elle de menace et d'égarement, de levée utopique aussi parfois, peut-être.

Le premier souvenir étant ici celui de la responsabilité du poème, telle qu'elle exista aux premiers temps, et qui, même si elle semble avoir été perdue, revient toujours. Habituellement relié à la geste[1] fondatrice [...], le nouage entre cité et poème est décrit par Stéphane Bouquet (dans *Un peuple*, livre paru en 2007) comme remontant à Solon[2], ce qui revient à lui donner, historiquement et philosophiquement, pour l'Occident en tout cas, sa véritable amplitude, voici ce qu'il écrit : « Solon : il vécut au début du VIe siècle avant notre ère. Il fut l'un des fondateurs de l'Athènes classique. Ses poèmes contiennent des prescriptions sur les propriétés agricoles, le statut des citoyens, le sort des esclaves, beaucoup d'autres choses importantes pour la vie et la tranquillité des hommes, et ses prescriptions ne sont pas restées lettres vaines, elles ont été suivies, appliquées avec conscience. Depuis, la poésie n'a plus jamais cessé de voir son rôle décroître parmi les hommes. Elle s'est déplacée sur les marges ; elle habite le pays des bords et il n'est pas sûr qu'on ne l'ait pas leurrée en lui confiant la gestion de l'invisible et, depuis peu, du silence. » [...]

À la suite de sa remarque sur Solon, Stéphane Bouquet cite Pound[3] comme étant le dernier poète à avoir – pour son malheur – voulu répondre à l'injonction réformatrice des premiers temps, à d'autres moments de son livre, il évoque Walt Whitman et si l'on pense aussi au William Carlos Williams de Paterson[4], l'on peut reconstituer une histoire [...] de la poésie américaine et voir qu'au fond elle ne délaisse jamais vraiment le champ du politique. Il serait d'ailleurs possible, pour chaque tradition, chaque langue, de tenter une généalogie du déploiement par lequel le poème, envisagé dans sa plus grande envergure, n'abandonne au fond jamais complètement cet enjeu, même si en règle générale, les liens de contiguïté et de connivence entre une langue et une voix, un peuple et un poète, possibles au moment d'une fondation ou d'une refondation, ont été distendus.

« T'ai-je nui, ô mon peuple ? », cette question que pose Mahmoud Darwich[5] dans un poème d'ailleurs hanté par la problématique de l'utilité du poème, n'est pas possible n'importe où, de même que n'est pas possible dans beaucoup d'endroits la position d'aède[6] qu'elle suppose, non sans quelque complaisance d'ailleurs. Mais cela ne veut pas dire que pour autant, libérés de la responsabilité somme toute assez pesante de l'aède, celui ou celle qui écrit de la poésie dans un autre contexte [...] soit automatiquement libéré de toute responsabilité.

in *Toi aussi, tu as des armes*, collectif, © La Fabrique, 2011.

1. Ensemble des poèmes en vers, au Moyen Âge, narrant les hauts-faits de héros ou de personnages illustres. Plus largement, la geste est l'histoire glorifiante d'une cité, d'un peuple, d'un individu.
2. Législateur et poète athénien (640-558 av. J.-C.).
3. Poète américain qui devint l'apologiste du fascisme.
4. Poètes américains.
5. Poète palestinien.
6. Dans l'Antiquité grecque, poète qui chante les épopées.

▶ Objet d'étude (2ᵈᵉ) : La poésie du XIXᵉ au XXᵉ siècle, du romantisme au surréalisme

Corpus

Texte A – Alphonse de Lamartine, *Épître à Félix Guillemardet*, 1837

À partir de 1830, Lamartine s'oriente de plus en plus vers l'activité politique et sociale : son inspiration s'en trouvera renouvelée. Le poète des Méditations poétiques *va devenir l'interprète des souffrances humaines, à l'imitation du Christ qui s'est chargé des maux de l'humanité pour les offrir à Dieu. Dans le poème suivant, il fait état de cet « élargissement du cœur ».*

Frère, le temps n'est plus où j'écoutais mon âme
Se plaindre et soupirer comme une faible femme
Qui de sa propre voix soi-même s'attendrit,
Où par des chants de deuil ma lyre intérieure
Allait multipliant comme un écho qui pleure
    Les angoisses d'un seul esprit.

Dans l'être universel au lieu de me répandre,
Pour tout sentir en lui, tout souffrir, tout comprendre,
Je resserrais en moi l'univers amoindri ;
Dans l'égoïsme étroit d'une fausse pensée
La douleur en moi seul, par l'orgueil condensée,
    Ne jetait à Dieu que mon cri.

Ma personnalité remplissait la nature,
On eût dit qu'avant elle aucune créature
N'avait vécu, souffert, aimé, perdu, gémi !

Que j'étais à moi seul le mot du grand mystère,
Et que toute pitié du ciel et de la terre
    Dût rayonner sur ma fourmi !

Pardonnez-moi, mon Dieu ! tout homme ainsi commence ;
Le retentissement universel, immense,
Ne fait vibrer d'abord que ce qui sent en lui ;
De son être souffrant l'impression profonde,
Dans sa neuve énergie, absorbe en lui le monde,
    Et lui cache les maux d'autrui.

Comme Pygmalion, contemplant sa statue,
Et promenant sa main sous sa mamelle nue
Pour savoir si ce marbre enferme un cœur humain,
L'humanité pour lui n'est qu'un bloc sympathique
Qui, comme la Vénus du statuaire antique,
    Ne palpite que sous sa main.

Ô honte ! ô repentir ! quoi, ce souffle éphémère
Qui gémit en sortant du ventre de sa mère,
Croirait tout étouffer sous le bruit d'un seul cœur ?
Hâtons-nous d'expier cette erreur d'un insecte,
Et, pour que Dieu l'écoute et l'ange le respecte,
    Perdons nos voix dans le grand chœur !

Saint-Point, 15 septembre 1837.

Texte B – Victor Hugo, *Les Rayons et les ombres*, 1840

Fonction du poète II

Dieu le veut, dans les temps contraires,
Chacun travaille et chacun sert.
Malheur à qui dit à ses frères :
Je retourne dans le désert !
Malheur à qui prend ses sandales
Quand les haines et les scandales
Tourmentent le peuple agité !
Honte au penseur qui se mutile
Et s'en va, chanteur inutile,
Par la porte de la cité !

Le poète en des jours impies
Vient préparer des jours meilleurs.
Il est l'homme des utopies,
Les pieds ici, les yeux ailleurs.
C'est lui qui sur toutes les têtes,
En tout temps, pareil aux prophètes,
Dans sa main, où tout peut tenir,
Doit, qu'on l'insulte ou qu'on le loue,
Comme une torche qu'il secoue,
Faire flamboyer l'avenir !

Texte C – Alfred de Musset, *Poésies nouvelles*, 1850

Sonnet au lecteur

Jusqu'à présent, lecteur, suivant l'antique usage,
Je te disais bonjour à la première page.
Mon livre, cette fois, se ferme moins gaiement ;
En vérité, ce siècle est un mauvais moment.

Tout s'en va, les plaisirs et les mœurs d'un autre âge,
Les rois, les dieux vaincus, le hasard triomphant,
Rosafinde et Suzon qui me trouvent trop sage,
Lamartine vieilli qui me traite en enfant.

La politique, hélas ! voilà notre misère.
Mes meilleurs ennemis me conseillent d'en faire.
Être rouge ce soir, blanc demain, ma foi, non.

Je veux, quand on m'a lu, qu'on puisse me relire.
Si deux noms, par hasard, s'embrouillent sur ma lyre,
Ce ne sera jamais que Ninette ou Ninon.

Texte D – Charles Baudelaire, *L'Art romantique*, 1857

Une foule de gens se figurent que le but de la poésie est un enseignement quelconque, qu'elle doit tantôt fortifier la conscience, tantôt perfectionner les mœurs, tantôt enfin démontrer quoi que ce soit d'utile... La Poésie, pour peu qu'on veuille descendre en soi-même, interroger son âme, rappeler ses souvenirs d'enthousiasme, n'a pas d'autre but qu'Elle-même ; elle ne peut pas en avoir d'autre, et aucun poème ne sera si grand, si noble, si véritablement digne du nom de poème, que celui qui aura été écrit uniquement pour le plaisir d'écrire un poème.

Sujet de bac

Questions *(4 pts)*

À partir des textes proposés, vous confronterez les différentes fonctions que se donne le poète romantique.

Travaux d'écriture *(16 pts)*

■ **Dissertation :** Dans quelle mesure, selon vous, le poète peut-il ou doit-il s'engager politiquement ? Vous répondrez à cette question en vous fondant sur les textes du corpus et sur les textes de l'anthologie.

■ **Commentaire :** Vous ferez le commentaire du texte A.

■ **Sujet d'invention :**

Une émission de radio propose le débat suivant : la poésie doit-elle être engagée ? Les deux invités ont des thèses opposées. Vous rédigerez le dialogue qui oppose les deux participants. Chaque participant au débat appuiera ses propos sur des exemples précis de textes poétiques ou de textes sur la poésie.

▶ **Objet d'étude (1ʳᵉ) :** Écriture poétique et quête du sens, du Moyen Âge à nos jours

Corpus

Texte A – Joachim Du Bellay, *Les Regrets*, 1558

Après s'être moqué des vices de Rome, Du Bellay tourne ici son regard vers les courtisans français.

Seigneur, je ne saurais regarder d'un bon œil
Ces vieux Singes de Cour, qui ne savent rien faire,
Sinon en leur marcher les Princes contrefaire,
Et se vêtir, comme eux, d'un pompeux appareil.

Si leur maître se moque, ils feront le pareil ;
S'il ment, ce ne sont eux qui diront du contraire,
Plutôt auront-ils vu, afin de lui complaire,
La lune en plein midi, à minuit le soleil.

Si quelqu'un devant eux reçoit un bon visage,
Ils le vont caresser, bien qu'ils crèvent de rage
S'il le reçoit mauvais, ils le montrent au doigt.

Mais ce qui plus contre eux quelquefois me dépite,
C'est quand devant le Roi, d'un visage hypocrite,
Ils se prennent à rire, et ne savent pourquoi.

Sonnet CL.

Texte B – Jean de La Fontaine, *Fables*, 1678-1694

L'Âne vêtu de la peau du Lion

De la peau du Lion l'Âne s'étant vêtu
   Était craint partout à la ronde ;
   Et bien qu'animal sans vertu[1],
   Il faisait trembler tout le monde.
Un petit bout d'oreille échappé par malheur
   Découvrit la fourbe[2] et l'erreur :
   Martin[3] fit alors son office.
Ceux qui ne savaient pas la ruse et la malice
   S'étonnaient de voir que Martin
   Chassât les lions[4] au moulin.

   Force gens font du bruit en France
Par qui cet apologue est rendu familier.
   Un équipage cavalier[5]
   Fait les trois quarts de leur vaillance.

V, 21.

1. Sans courage.
2. La fourberie, la malhonnêteté.
3. L'âne est appelé Martin.
4. Les lions n'ont pas coutume d'aller porter des grains au moulin.
5. Noble, conquérant.

Texte C – Victor Hugo, *Les Châtiments*, 1853

Les Châtiments *ont été écrits pendant l'exil de Victor Hugo. Le poème est une violente satire de Napoléon III.*

Fable ou Histoire

Un jour, maigre et sentant un royal appétit,
Un singe[1] d'une peau de tigre se vêtit.
Le tigre avait été méchant, lui, fut atroce.
Il avait endossé le droit d'être féroce.
Il se mit à grincer des dents, criant : « Je suis
Le vainqueur des halliers[2], le roi sombre des nuits ! »
Il s'embusqua[3], brigand des bois, dans les épines ;
Il entassa l'horreur, le meurtre, les rapines[4],
Égorgea les passants, dévasta la forêt,
Fit tout ce qu'avait fait la peau qui le couvrait.
Il vivait dans un antre, entouré de carnage.
Chacun, voyant la peau, croyait au personnage.
Il s'écriait, poussant d'affreux rugissements :
« Regardez, ma caverne est pleine d'ossements ;
Devant moi tout recule et frémit, tout émigre,
Tout tremble ; admirez-moi, voyez, je suis un tigre ! »
Les bêtes l'admiraient, et fuyaient à grands pas.
Un belluaire[5] vint, le saisit dans ses bras,
Déchira cette peau comme on déchire un linge,
Mit à nu ce vainqueur, et dit : « Tu n'es qu'un singe ! »

1. Figure de Napoléon III.
2. Buissons serrés et touffus.
3. Se cacha pour pouvoir agresser.
4. Pillages.
5. Gladiateur qui, dans l'Antiquité, combattait les bêtes féroces.

Jersey, septembre 1852

Les Châtiments, III, 3.

Texte D – Arthur Rimbaud, *Les Cahiers de Douai*, 1870

La prise de Sarrebrück, le 2 août 1870 durant la guerre franco-prussienne, fait l'objet d'estampes de propagande. En présentant son poème comme une « gravure belge brillamment coloriée », Rimbaud parodie cette esthétique.

L'Éclatante victoire Sarrebrück

– remportée aux cris de Vive l'Empereur !

Gravure belge brillamment coloriée,
se vend à Charleroi, 35 centimes.

Au milieu, l'Empereur[1], dans une apothéose
Bleue et jaune, s'en va, raide, sur son dada
Flamboyant ; très heureux, – car il voit tout en rose,
Féroce comme Zeus et doux comme un papa ;

En bas, les bons Pioupious[2] qui faisaient la sieste
Près des tambours dorés et des rouges canons
Se lèvent gentiment. Pitou[3] remet sa veste,
Et, tourné vers le Chef, s'étourdit de grands noms !

À droite, Dumanet, appuyé sur la crosse
De son chassepot[4], sent frémir sa nuque en brosse,
Et : « Vive l'Empereur !! » – Son voisin reste coi...

Un schako[5] surgit, comme un soleil noir... – Au centre,
Boquillon[6] rouge et bleu, très naïf, sur son ventre
Se dresse, et, – présentant ses derrières[7] – : « De quoi ?... »

Octobre [18]70.

1. Napoléon III.
2. Simples soldats.
3. Pitou et Dumanet (v. 9) sont des noms conventionnels de soldats naïfs.
4. Nouvelle arme réglementaire de l'armée française vantée par la propagande.
5. Coiffure militaire rigide.
6. Personnage de soldat naïf mis en scène dans le journal satirique *La Lanterne de Boquillon*.
7. Ses fesses.

Texte E – Jacques Prévert, *Paroles*, 1945

Quartier libre

J'ai mis mon képi dans la cage
et je suis sorti avec l'oiseau sur la tête
Alors
on ne salue plus
a demandé le commandant
Non
on ne salue plus
a répondu l'oiseau
Ah bon
excusez-moi je croyais qu'on saluait
a dit le commandant
Vous êtes tout excusé tout le monde peut se tromper
a dit l'oiseau.

© Gallimard.

Sujet de bac

Question *(4 pts)*

1. Que dénoncent les poèmes de ce corpus ?
2. Sur quels procédés de la satire les poèmes de ce corpus reposent-ils ?

Travaux d'écriture *(16 pts)*

■ **Dissertation :** Dans quelle mesure la poésie satirique vous semble-t-elle un moyen efficace de dénoncer les abus et les injustices ?

■ **Commentaire :** Vous ferez le commentaire du texte A.

■ **Sujet d'invention :** Vous rédigerez la préface d'une anthologie de poèmes satiriques.

1 · À quels siècles les rois s'entouraient-ils volontiers de poètes officiels ? Nommez :
   a. quelques rois qui ont eu leurs poètes officiels ;
   b. quelques poètes officiels rencontrés au fil de cette anthologie.

2 · Quelles étaient les fonctions de ces poètes ?

3 · Quels arguments avanceriez-vous en faveur d'un poste de poète officiel à l'Assemblée nationale française de nos jours ?

4 · Quels arguments avanceriez-vous contre cette proposition ? Aidez-vous des textes complémentaires pour lister vos arguments.

Texte 1 · L'actuel poète officiel du Parlement canadien

George Elliott Clarke est, depuis janvier 2016, le poète officiel du Parlement canadien. Son mandat est de deux ans. Voici le descriptif de son poste et de ses missions.

■ **Descriptif du poste :** poète officiel au Parlement canadien, créé en 2001 en vertu de la *Loi sur le Parlement du Canada*.

• Les présidents du Sénat et de la Chambre des communes nomment le poète officiel au terme d'un processus d'appel de candidatures ouvert.

• Le candidat choisi est nommé pour deux ans.

• Le titulaire du poste est tour à tour francophone ou anglophone.

■ **Rôle du poète officiel**

• Rédiger des œuvres de poésie, notamment pour des occasions importantes au Parlement.

• Parrainer des séances de lecture de poésie.

• Conseiller le bibliothécaire parlementaire sur la collection de la Bibliothèque et les acquisitions propres à enrichir celle-ci dans le domaine de la culture.

• Assurer des fonctions connexes à la demande du président du Sénat ou de la Chambre des communes ou du bibliothécaire parlementaire.

Texte 2 • Émile Zola, *La Littérature et la République*, 1879

Je ne tiens par aucune attache au monde politique, et je n'attends du gouvernement ni place, ni pension, ni récompense d'aucune sorte. Ce n'est pas ici de l'orgueil ; c'est, au début de cette étude, une constatation nécessaire. Je suis seul et libre, j'ai travaillé et je travaille : mon pain vient de là. [...] Je sais pourquoi beaucoup évitent de parler : l'un attend une croix, l'autre tient à la place qu'il occupe dans l'administration, un troisième espère de l'avancement, un quatrième compte devenir conseiller général, puis député, puis ministre, puis, qui sait ? président de la République. [...] Dans les lettres, heureusement, la discipline ne saurait exister, surtout à notre époque de production individuelle. Si un homme politique a besoin de grouper autour de lui une majorité qui l'appuie, et sans laquelle d'ailleurs il ne serait pas, l'écrivain existe par lui-même, en dehors du public ; ses livres peuvent ne pas se vendre, ils sont, ils auront un jour le succès qu'ils doivent avoir. C'est pourquoi l'écrivain, que ses conditions d'existence ne forcent pas à la discipline, est particulièrement bien placé pour juger l'homme politique. Il reste supérieur à l'actualité, il ne parle pas sous la pression de certains faits, ni dans le but d'un certain résultat ; il lui est permis, en un mot, d'être seul de son avis, parce qu'il ne fait pas corps avec un groupe et qu'il peut tout dire, sans déranger sa vie ni risquer sa fortune.

Texte 3 • Gisèle Sapiro, *En haine de la politique,*
Écritures du pouvoir et pouvoirs de la littérature, 2001

La lutte de l'écrivain contre la tyrannie de la politique, des pouvoirs et des idéologies qui veulent imposer des manières de penser passe moins par des discours – Flaubert se refuse d'en tenir dans ses romans – que par une pratique de l'écriture qui est un véritable défi. L'écrivain est une figure de contre-pouvoir qui met en cause indirectement les figures du pouvoir par la seule existence de son style, parce qu'il déjoue les pièges du discours, parce qu'il oblige le lecteur à penser. C'est dans ce style résistant au discours que Flaubert voit la force politique de l'écrivain : « je crois, écrit-il en 1880, à la haine inconsciente du style. Quand on écrit bien, on a contre soi deux ennemis : 1er – le public, parce que le style le contraint à penser, l'oblige à un travail ; et 2e – le gouvernement, parce qu'il sent en vous une force, et que le pouvoir n'aime pas un autre pouvoir » (Flaubert, lettre à Maupassant.)

Sous la direction de Sylvie Triaire et Alain Vaillant, © Presses Universitaires de la Méditerranée, 2011.

Texte 4 • Jacques Rancière, « Perdre aussi nous appartient : entretien avec Jacques Rancière sur la politique contrariée de la littérature », 2005

Je n'aime pas beaucoup l'usage extensif de la notion de responsabilité. En dehors de son usage strictement juridique, je comprends la responsabilité comme la manière dont on adhère aux exigences d'une position définie. Le professeur a, en ce sens, une responsabilité, quelle que soit par ailleurs la manière dont il comprend et exerce cette fonction, dont il unit ou dissocie l'exécution d'une tâche d'apprentissage et une mise en œuvre de l'égalité. Mais l'écrivain n'en a pas : il peut vouloir aider de mille manières la cause de la société ou de la justice. Mais, en tant qu'écrivain, il écrit pour un destinataire non identifiable. Il écrit pour n'importe qui et l'écriture de qui écrit pour n'importe qui ne peut pas être pensée en termes de responsabilité.

Contre-jour : cahiers littéraires, n° 8, 2005.

Rencontre avec

Jean-Claude Pinson

Philosophe et poète, Jean-Claude Pinson est convaincu de la porosité des frontières entre les genres, les registres, les arts et les domaines. Auteur de plusieurs recueils poétiques et d'essais, il a notamment publié en 2016 *Autrement le monde*, une réflexion sur l'affinité de la poésie et de l'écologie.

▶ *On confond souvent ce que l'on a longtemps nommé poésie engagée et dimension politique de la poésie : pourquoi, selon vous ?*

La poésie a été, à l'époque de la Résistance au nazisme, le véhicule d'idées et de messages qui ont pu avoir un impact politique réel. L'énoncé poétique pouvait alors être proche du slogan (« Liberté, j'écris ton nom... »). Mais si la littérature (le roman, l'essai...) est l'art du sens (du langage en tant qu'il communique des significations), la poésie tend, elle, davantage vers la musique. Le poète, rappelle ainsi Sartre, ne traite pas les mots comme des signes mais comme des choses. Les mots sont pour lui comme des notes et le matériau sonore et rythmique de sa langue lui importe autant que la signification des énoncés. Il s'ensuit que le sens d'un poème est souvent marqué de beaucoup d'incertitude et que la poésie se prête assez mal à cet « engagement » voulu par le philosophe-écrivain Sartre.

Au-delà, il n'est pas simple de repérer un éventuel impact politique de la poésie. Les avant-gardes des années soixante ont néanmoins voulu croire que les diverses formes de subversion du langage ordinaire expérimentées dans l'écriture poétique seraient en mesure de fissurer en profondeur l'ordre social pour autant que celui-ci est indissociable d'un ordre du discours imposant une représentation faussée de la réalité. À l'engagement sartrien, on a ainsi substitué *langagement*, c'est-à-dire une action restreinte au seul niveau des formes – avant de déchanter quant à l'effectivité d'une telle action, et d'admettre, avec Christian Prigent, que décidément la poésie « peut *peu* » ; qu'au mieux elle peut exercer, à bas bruit, une fonction de résistance (sans majuscule).

▶ *Cela signifie-t-il que l'on doive renoncer à parler de poésie engagée ou convient-il de redéfinir cette formule ?*

S'il y a aujourd'hui quelque chose comme une poésie engagée, elle me semble devoir être cherchée d'abord aux confins de la poésie elle-même, du côté du rap et du slam, c'est-à-dire de formes d'expression où l'emporte le souci de faire passer un message auprès du grand nombre, sans trop s'encombrer de ce souci des nuances qui définit une écriture poétique moderne marquée, elle, par un modèle mallarméen pas mal puritain.

▶ *Avez-vous d'emblée pensé votre geste d'écriture poétique comme un geste politique ? Pour quelles raisons ?*

Je n'ai vraiment pensé les choses qu'après coup. Au départ (un départ qui ne fut dans mon cas qu'un faux départ), je n'ai fait que suivre la pente sartrienne de l'époque. L'unique fois où je l'ai rencontré (en 1966), j'ai soumis à Sartre des poèmes engagés évoquant la lutte des Noirs américains contre le racisme. Mais très vite, je suis devenu ensuite un adepte de la revue *Tel Quel* et de ses théories hypostasiant l'écriture pour elle-même (*for its own sake*). Ce n'est que beaucoup plus tard, notamment quand j'ai écrit un livre intitulé *Drapeau rouge* (2008), que j'ai tenté de tenir les deux bouts de la chaîne : dire quelque chose d'ordre politique (en l'occurrence à propos de l'égalité) et en même temps composer un livre de poésie où le travail de la langue, la « musique » du texte, l'invention d'une prosodie puissent témoigner d'un imaginaire ouvert à des formes de vie alternatives.

▶ *Peut-on dire que toute poésie est poli-*
tique, ou pour le dire autrement que
toute poétique est une politique ou
encore, pour reprendre la formule de
Jacques Rancière, qu'il y a une poli-
tique de la poésie en tant que poésie ?

Si l'on considère que toute parole poétique repose sur un certain régime d'énonciation, alors oui, toute poésie est, en un sens très large, politique.

Mais elle ne l'est vraiment comme forme de résistance que si l'expérience du sensible qu'elle recueille parvient à se formuler aussi comme une « expérience polémique » (je reprends l'expression de Rancière), comme une expérience qui donne voix à ce que les représentations dominantes étouffent, à toutes ces « vies minuscules » qui, sans elle, demeureraient sans voix.

▶ *La question politique de la poésie pose*
aussi le problème de sa réception, voire
de sa diffusion : quelle est aujourd'hui
selon vous la place de la poésie dans la

cité ? Comment faire entendre la voix
politique de la poésie ?

Il faudrait sans doute, en amont, remettre en cause l'habituel partage entre poésie et roman. La poésie a connu un élargissement multiforme. Elle excède de beaucoup la forme brève du poème. Les récits de Pierre Michon ou les contes de Pascal Quignard, par exemple, relèvent bien davantage de la poésie que tel ou tel recueil de poète patenté.

Ceci dit, si la réception de la poésie en termes d'édition et de diffusion est aujourd'hui très faible, un regain cependant s'observe depuis une ou deux décennies, à la fois dans l'ordre de la pratique et dans l'ordre de la réflexion. D'une part, si la religion de la poésie a vu son corpus être radicalement déconstruit, ses pratiquants sont eux de plus en plus nombreux, notamment à la faveur de la vogue des « lectures-performances ». Moins de lecteurs, mais davantage d'auteurs-acteurs, pour le meilleur et pour le pire (souvent pour le plus médiocre, au plan de la valeur esthétique). Cette « démocratisation » de la poésie a vu ainsi l'émergence de tout un « poétariat », pour qui le recours à la parole poétique va de pair avec la recherche de formes de vie synonymes de possibles alternatives à l'insoutenable capitalisme. D'autre part, si la valeur marchande de la poésie est proche de zéro, sa valeur symbolique est aujourd'hui à la hausse, comme en témoigne l'intérêt spéculatif et politique qu'y trouvent les philosophes les plus marquants d'aujourd'hui (Jean-Luc Nancy, Alain Badiou, Jacques Rancière, Giorgio Agamben...).

Le poète doit-il pour autant, à la façon de Sartre, monter sur un tonneau à la sortie des usines pour y déclamer ses poèmes ? Je ne crois pas. S'il y a une « royauté » encore possible de la parole poétique, elle passe bien plutôt par l'action souterraine et discrète. Loin de la cité, de ses turbulences, à l'écoute de la Nature, le poète pourra continuer de fourbir les armes pacifiques dont ont besoin, même si elles ne le savent pas, nos sociétés au bord du gouffre. La voix politique de la poésie ne peut pas aujourd'hui, selon moi, ne pas être une voix écologique.

Index des auteurs

TABLE DES ILLUSTRATIONS

Couverture : © Pashabo/Shutterstock.

12 : Honoré Daumier (1808-1979), *L'Émeute* (1848), huile sur toile (0,88 x 1,13 m), Washington, The Philips Collection, Ph. Henry Beville © Archives Bordas.

14 : Ph. Coll. Archives Larbor.

17 : Ph. Coll. Archives Larbor.

20 : Droits Réservés.

23 : Meinzahn/Istock.

28 : Collection KHARBINE-TAPABOR.

31 : Collection KHARBINE-TAPABOR/ Collection Grob.

33 : LA COLLECTION.

38 : GETTY IMAGES France / Hulton Archive.

42 : ROY EXPORT COMPANY ESTABLISHMENT.

45 : KHARBINE-TAPABOR / Coll. Dixmier.

47 : AdobeStock / Freshidea.

49 : CHRISTOPHE L COLLECTION.

53 : BRIDGEMAN IMAGES.

62 : Ph. Coll. Archives Larbor.

71 : Ph. Coll. Archives Larbor.

81d : Ph. St. Nick.

83 : Miss Tic, Adagp 2017.

94 : Droits Réservés.

99 : PHOTONONSTOP / Jacques LOIC.

104 : LA COLLECTION / Christie's / Artothek, Adagp 2017.

113 : COSMOS / Hélène Bamberger.

114 : CHRISTOPHE L COLLECTION / Cecchi Gori Group Tiger Cinematografica.

118 : Eugène Delacroix (1798-1863), *Le Tasse dans la prison des fous*, estampe, Paris, BNF, Paris.

137 : D.R.

I et 27 : BRIDGEMAN IMAGES.

II et 61 : PLANTU 2015.

III et 81 g : D. R, ADAGP, 2017.

IV et 97 : © BIS/Archives Larbor © ADAGP, Paris 2017.

Conception graphique : Julie Lannes, Géraldine Chazel
Design de couverture : Élise Launay
Recherche iconographique : Gaëlle Mary
Mise en page : Linéale
Édition : Valérie Antoni

COLLÈGE

LYCÉE

MIXTE
Papier issu de
sources responsables
FSC
www.fsc.org
FSC® C022030

Nathan est un éditeur qui s'engage pour la préservation de son environnement et qui utilise du papier fabriqué à partir de bois provenant de forêts gérées de manière responsable.

N° édition : 10266934 - Dépôt légal : avril 2018
Imprimé en France, en août 2020, par la Nouvelle Imprimerie Laballery - N° 007531

La Nouvelle Imprimerie Laballery est titulaire de la marque Imprim'Vert®